房地产法的理论与实务研究

刘永波 ◎著

北京理工大学出版社
BEIJING INSTITUTE OF TECHNOLOGY PRESS

内容提要

本书对房地产法律制度中存在的问题进行了学理分析，力图提出有可操作性的具体建议。本书的主要内容涉及房地产的法律界定、房地产立法、我国的土地管理制度、房地产登记、商品房预售、商品房按揭、房地产租赁等方面。在写作过程中，本书力求理论联系实际，吸收国内外新的研究成果和立法成果，反映学术研究的发展动态，努力做到知识性、科学性、理论性和实用性的统一，同时又给读者指出进一步研究的方向，留出继续探索的空间。希望本书的出版能展现给读者一片新的视野。

图书在版编目（CIP）数据

房地产法的理论与实务研究 / 刘永波著. —北京：北京理工大学出版社，2017. 12

ISBN 978-7-5682-5092-4

Ⅰ. ①房…　Ⅱ. ①刘…　Ⅲ. ①房地产法－研究－中国　Ⅳ. ①D922. 384

中国版本图书馆CIP数据核字(2017)第325063号

出版发行 / 北京理工大学出版社有限责任公司
社　　址 / 北京市海淀区中关村南大街5号
邮　　编 / 100081
电　　话 / （010）68914775(总编室)
（010）82562903(教材售后服务热线)
（010）68948351(其他图书服务热线)
网　　址 / http://www.bitpress.com.cn
经　　销 / 全国各地新华书店
印　　刷 / 北京紫瑞利印刷有限公司
开　　本 / 710毫米×1000毫米　1/16
印　　张 / 10
字　　数 / 190千字
版　　次 / 2017年12月第1版　2017年12月第1次印刷
定　　价 / 58. 00元

责任编辑 / 王玲玲
文案编辑 / 王玲玲
责任校对 / 周瑞红
责任印制 / 边心超

图书出现印装质量问题，请拨打售后服务热线，本社负责调换

前　言 Preface

随着我国市场经济的发展和繁荣，城市化进程的日益加快，作为第三产业的房地产业在国民经济和社会发展中逐渐占据了显著地位，发挥着重要作用。房地产业自诞生之日起，客观上就要求法律对之加以规范和引导。在我国进行城镇住房制度改革，明确提出住房商品化之后，房地产业呈现出迅猛的发展态势，各地掀起了前所未有的拆迁—卖地—开发—售房的热潮，许多城市将房地产业作为当地经济发展的支柱产业，商品房土地使用权出售收入成为地方政府重要的收入来源之一。但与实践领域的“冒进”式发展相比，我国房地产立法相对滞后，执行效果也不是很理想，房地产市场相对混乱。与发达国家相比，我国房地产法制建设时间尚短，许多方面还很不完善，难以保证房地产业健康、稳定的发展。

房地产市场应当是法制化市场，只有在完善的法律制度规范下，房地产业才能真正实现良性运行。为了更好地发挥房地产市场的积极作用，最大限度地减少市场运行中存在的负面影响，必须建立健全与房地产市场相关的法律制度，以对房地产市场进行有效的法律调整，这是市场经济的客观要求。因此，必须正视并客观分析房地产立法中存在的问题，对我国房地产领域有关制度进行反思，进行必要的法律分析，借鉴国外先进立法经验。立足我国国情，通过完善的法律来促进房地产市场的健康发展，就成为本书的写作主旨。

本书作为一部以房地产理论研究为主的著作，对我国房地产相关法律理论进行了分析与探讨，并对房地产法律制度中存在的问题进行了学理分析，力图提出有可操作性的具体建议。本书的主要内容涉及房地产的法律界定、房地产立法、我国的土地管理制度、房地产登记、商品房预售、商品房按揭、房地产租赁等方面。笔者希望通过本书的出版，为我国的房地产法制建设尽一点微薄之力。笔者多年来专注于研究房地产法相关理论问题，长期从事房地产法的法律实务实践工作。在此呈现给读者的，是笔者多年来工作的一点粗浅的心得体会。

在写作过程中，笔者力求理论联系实际，吸收国内外新的研究成果和立法成果，反映学术研究的发展动态。努力做到知识性、科学性、理论性和实用性的统一，同时又给读者指出进一步研究的方向，留出继续探索的空间。但愿本书的出版能展现给读者一片新的视野。

本书参阅了大量相关资料和文献，同时为保证论述的全面性与合理性，引用了许多专家、学者的观点，在此谨表示最诚挚的谢意。由于写作水平有限，书中存在的遗漏之处，恳请广大读者不吝指正。

著　者

目　录 Contents

第一章 房地产与法律

房地产是人们赖以生活和生产的基本物质资料。无论是自然人还是法人，如果没有房地产，基本的生存和发展都无从谈起。房地产业是国民经济的重要支柱产业，对拉动钢铁、建材、家电及家居用品等产业发展举足轻重，对金融业稳定和发展至关重要，对推动居民消费结构升级、改善民生具有重要作用。

第一节 房地产和房地产业

一、房地产的概念及法律特征

（一）房地产的概念

房地产的定义在不同的学科是有差别的。经济学意义上的房地产是指房屋和土地的总称，它包括房屋和土地。法学意义上的房地产是指以土地和房屋作为物质形态存在的财产，是物权的重要组成部分，其本质上是一种财产，即不动产，该财产是指寓含于房地产实体中的各种经济利益以及由此而形成的各种权利，如所有权、使用权、地上权、地役权、租赁权、抵押权等。

房地产包括房产和地产。房产即房屋财产，是指供人们居住、工作和做其他用途的土地上的各种房屋及构筑物，包括居住用房屋、生产经营性房屋、办公用房屋和公共用途房屋。

地产即土地财产，是指供人们开发使用的土地，包括土地、地上附着物和地下各项基础设施。自有人类活动的历史以来，土地便具备了能够为人类所利用的价值属性，它是人类生存和发展不可或缺的物质元素。

在经济学的层面上，土地是指大自然无偿地资助人类地上、水中、空中、光热等物质和能力。在法学的层面上，土地的概念就是土地的横向范围和纵向范围的总和，即能够为人所利用的陆地地表和地表上下一定空间之和。

（二）房地产的法律特征

房地产具有以下几个法律特征：

1. 房地产具有不可分割性

房地产是房屋建筑与其所占用范围的土地有机结合的整体。在物质形态上，房产与地产总是作为一个整体联结在一起，房屋只能建筑在土地上，房屋所有权转移，土地使用权也将随之转移，反之亦然，房依地建，地为房载，房地不可分离；在经济形态上，房地产的经济内容和运行过程也具有整体性和不可分割性，所以两者合称为房地产。也就是说，房地产是房屋建筑和建筑所占用土地紧密结合的有机整体。如购房人将所购房屋向银行进行抵押，实际上意味着该房屋所依附的土地使用权也同时进行了抵押。

2. 房地产具有物的法律属性

在传统的财产法中，房地产被视为不动产，是重要的财产，因此房地产成为国家行政管理和法律调整的对象之一。同时，房地产作为物的重要形式之一的不动产，又具有商品性。在市场经济条件下，房地产同其他商品一样有其生产、流通过程，并具有价值和使用价值。房地产既是生活资料，又是生产要素。人们的生活和生存离不开房地产，各行各业开展生产和业务活动也离不开房地产。

3. 房地产具有保值性与增值性

在房产与地产的关系上，地产是核心要素，房产则是依附。《德国民法典》第94条规定："土地的主要组成部分，为定着于土地的物，特别是建筑物……"英国物权法规定，建筑物从属于土地，建筑物不能独立地成为不动产。众所周知，房屋作为一般商品，跟所有商品一样，是不断贬值的，尤其是使用时间越长的房屋，其价值就越低。随着社会生产力的不断发展和人口的日益增加，人们对生活水平的要求逐步提高，土地资源日益短缺，现在人们不像从前那样认为土地是可再生资源，已经意识到土地并非是取之不尽、用之不竭的。位于良好地段的土地更是稀缺资源，因而这些地段内房地产的价格总会不断上涨。其实，在房地产增值的构成要素中，土地的价值因素是决定性的，土地的稀缺性使房地产具有了保值和增值的作用。在民众可选择的投资方式中，房地产常常成为人们用于保值、增值的一种投资手段。

二、房地产业在国民经济体系中的地位

房地产业是经济发展的先导产业。所谓先导产业，是指一个国家在经济发展的某个阶段，可以起导向作用及带动产业结构和经济发展的产业。房地产业是伴随着房地产经济的发展而形成的一个独立行业，是专门从事房地产开发、经营、管理和服务的行业。房地产的全过程包含生产、流通、消费三个环节。

人类出现以后，学会了建筑房屋，供防御安家之用。房屋及其所赖以存在的土

地作为一种产品同城市的兴起与发展密不可分。房地产的发展将城市化、工业化、现代化融合为一体，造就了现代化的城市群。房地产业作为第三产业，已经成为经济繁荣的重要支柱之一。在联合国制定的经济活动国际标准产业分类中，经济行业被划分为十大类，房地产业列为第八类。在加拿大的分类标准中，房地产业属于第九大类；我国香港特别行政区将经济活动分类的第八项称为地产，其内容与联合国关于房地产的含义相同；在美国的产业分类标准中，全部产业划分为十大类，房地产业被列入第七类。在我国的国民经济行业分类和代码中，经济行业分为十三类，房地产业列为第七类。由此可见，国际、国内均认为房地产业是一个重要的经济行业，其在国民经济和社会发展中的重要地位和作用主要表现在以下几个方面：

(一)房地产业是国民经济的基础性产业

房地产业是国民经济的重要组成部分，被称为国家经济的晴雨表。国务院2003年8月12日发布的《国务院关于促进房地产市场持续健康发展的通知》(国发〔2003〕18号)中明确将房地产业列为我国国民经济的支柱产业，房地产业已经成为我国经济发展的重要组成部分和经济增长不可替代的拉动力量。

据联合国统计，世界各国以房地产形式所形成的固定资产占同期形成的固定资产总值的50%以上。从日本情况看，住宅投资对GDP增长的贡献率为20%～150%。从美国第二次世界大战之后经济的发展历程看，房地产业与建筑业相结合为其高速发展提供了强大物质保证，房地产业与建筑业一起成为美国的四大经济支柱之一，其增加值约占美国国民生产总值的15%以上，房地产业影响美国10%以上的经济活动。房地产业的繁荣兴旺给美国居民带来了巨大财富。

在发达国家，房地产是家庭财产的重要组成部分，对于中产阶级家庭而言更是如此。房地产平均占美国中产阶级家庭财产的2/3左右。在法国，住宅是家庭最普遍的资产之一。2016年，住宅资产占到法国居民家庭财产的56%。从各国历年投资来看，房地产是一个高投入的产业，建设周期长，占有资金大，其既是社会生产的基本要素，也是社会生活的基本要素，对国家的经济生活具有稳定的、长远的影响。

(二)房地产业是高收益产业

供求规律决定了房地产业投入成本的巨额化，也相应地给发展商带来丰厚的利润，不断的价格上扬也持续地为投资者创造财富，同时也为国家提供巨额财政收入。房地产业具有低风险性。世界虽大，但可用之地毕竟有限，不可再生，这是房地产业的特点，也证明了“寸土寸金”这一说法并非虚言。价格对产品的供给和需求都是具有弹性的，即价格上升，导致供给增大，需求减少；价格下跌，导致需求增加和供给减少。弹性理论使得供给和需求不断调整其位置，也不断产生均衡点。但对土地而言，供给弹性为零，即可供数量是一定的。所以，需求的增加只能导致价格的上升，而不会导致供给数量的增多，反之亦然。对稀缺性资源而言，人们调节供求状况的方式只能是提高其价格而无法增加其供应量。由于土地的稀缺导致了房地产业风险系数的降低，房地产业的收益是不断上升的，除非遇到极坏的政治气候或自身经营管理不善，否则不会赔本。因此，房地产业是高收益的产业。

(三)房地产业能够促进和带动相关产业的兴起和繁荣

随着社会经济的发展，生产社会化程度不断提高，社会分工越来越细，协作越来越密切。每个行业与相关行业间都存在着互相协作、互相促进的作用。每个行业的发展都会对相关行业产生不同程度的带动作用，而房地产业对相关产业起着更大的带动作用。在一些工业化程度较高的发达国家，房地产业的产值每增加1%，就能使相关产业的产值增加1.5%～2%。房地产业不仅直接带动建筑业的发展，同时还能促进钢铁、水泥、木材、化工、运输、轻工、服务等产业的发展及劳动就业，改善居住条件及劳动力再生产条件。因此，在第三产业中，房地产业往往是源头产业。经过发展商的搭木架棚，乡村演化为都市，都市更换了“新装”，世界显得丰富多彩而又趣味盎然，房地产业并相应地改善了道路状况、水电供应和基础设施，自然地带动了商业、文化、旅游、娱乐、通信等一系列服务行业的发展，从而也给社会带来繁荣。

(四)房地产业可以促进、深化住房制度改革

世界各国的住宅一般分为两种类型：第一种类型是商品房，其随行就市地实现资金投入/产出的良性循环；另一类是享受优惠的住宅，即社会保障住房，其又分为平价房或廉租房(由政府提供给低收入阶层，该房屋的性质是只租不售)和经济适用房(由政府提供给中低收入阶层，在一定年限之内不允许交易)。对这类住房，政府分别给以贴息贷款、减免税收等优惠，同时还要求房地产公司为此做贡献，把住房建得物美价廉，有的住房甚至只能勉强回收成本。

房地产业不仅是世界上许多国家和地区的主要经济支柱产业之一，也是众多名扬世界的企业家的成功之道。可以这样说，没有房地产业的发展，整个世界的发展进程都会受到影响。

当今世界大多数国家都把房地产业列为持续发展的产业之一，鉴于房地产业的重要地位和作用，联合国于1977年10月12日通过162号决议，并设立了联合国人类住房委员会，专门负责推动全球人类住宅的发展工作。应我国政府要求，该委员会于1988年12月3日正式接纳我国为理事国。1985年12月17日，第40届联合国大会通过决议，确定每年10月的第一个星期一为“世界人居日”，并每年为其确定一个主题，被视为房地产业的世界目标，以唤起人们对人类居住环境和人人享有适当住房等基本权利的关注。从1989年起，联合国还创立了“联合国人居奖”，以鼓励和表彰为改善人类居住环境做出杰出贡献的政府、组织及个人。

三、我国目前房地产业发展现状

我国最早的房地产业始于19世纪末，其中又以上海为主要代表，20世纪二三十年代，是中华人民共和国成立前我国房地产业最为兴盛的黄金时代，当中既有像新老沙逊·哈同洋行等外商设立的专业房地产公司，又有像江南浔帮等华资房地产商。他们大量占用土地，翻建旧房，建造新房，或出租或出售以谋求高额的利润。用当时的话来讲，适合中国住房的行业，必然成为最赚钱的行业。至1949年，中国房地产业已作为一个独立的行业而存在，其获利之多是其他很多行业难以企及的。中华人民共和国成立以后的前30年，房地产业没有像其他行业那样得到应有的发展。1956年对私有房产的社会主义改造完成后，我国房地产业作为一种行业已不复存在。产生此种情形的原因是：其一，政府宣布土地国有化和非商品化导致土地的价值流失和浪费；其二，在城市住宅问题上采取低租金制度和福利分配的政策，从而使大量住宅投资有去无回，资金无法实行良性循环。这样，我国房地产业得不到独立发展，逐渐走向沉寂。党的十一届三中全会以来，改革的浪潮冲击着社会经济生活的每一个角落，同时也冲击着房地产业。房地产业在我国作为一个新兴的产业，先在沿海城市发展，而后在内地城市迅猛发展。

我国城镇住宅紧缺的状况通过长期建设，得到初步缓解；房地产综合开发已见成效；房地产市场日渐活跃，房地产经营机制逐步建立和完善；房地产管理得到加强；房地产法规正在不断制定和完善；住房制度改革正向纵深方向发展。更为重要的是，改革开放以来，房地产业的产业意识得到了极大加强，产业形象逐渐树立起来。在土地使用制度改革和住房制度改革的推动下，我国房地产业在20世纪80年代中期开始蓬勃发展，房地产业吸引的资金自此大幅度上升，房地产业已成为中国目前最为活跃的行业之一，它的发展态势与整个国家经济状况息息相关。

我国目前房地产业的现状是：

(一)城镇住宅建设发展迅速，城市住宅的紧张状况得到了缓解，但住房短缺的局面并没有得到彻底改变

近年来，我国房地产业推动城市住房建设以前所未有的速度发展，建设规模已经居世界前列，建房总量居世界第一位。近几年，我国城乡每年建房总量都在12亿平方米以上。从改革开放开始到现在，我国城镇新建住宅面积超过62亿平方米，是改革开放前30年累计6.2亿平方米的10倍以上。同期农村建设房屋共160亿平方米。用国际上通用的参考指标——每千人每年建造住宅的套数来衡量，2015年我国

每千人建造住宅的套数达16.5套，而有资料可比的世界上其他国家都在10套以内。我国的房地产业在加快城市建设、改善人居环境、增加就业、带动相关产业发展方面都发挥了巨大作用。据住房和城乡建设部的有关专家计算，在近几年国内生产总值年增长的7%～8%中，由房地产业直接和间接带动的就有1%～1.5%。在全国消费市场普遍低迷和零售物价指数持续下降的情况下，城镇房地产平均价格以约8%的幅度逐年升高，对于扭转通货紧缩的趋向起到一定的积极作用。

我国的房地产业经过30多年的发展，已成为国民经济新的增长点和启动内需的消费热点，对拉动国民经济增长，保持国民经济持续、健康、快速发展起到重要作用。

(二)房地产开发和经营模式得以迅速发展

房地产综合开发事业迅速发展，开辟了城市建设体制改革的新途径。综合开发队伍迅速崛起，成为城市建设和住宅建设的一支重要力量，并开始在房地产的开发和经营中占主导地位。

房地产市场日趋完善和扩大，推动了房地产业的发展。与发达国家房地产业发展的状况相比，我国房地产业仅处于起步阶段。从目前形势来看，我国房地产业与过去未曾开发的状态相比较，确实有了前所未有的发展，但是，它远未成为我国国民经济发展的一个重要的支柱产业。

(三)出现了房地产过热现象

近年来，我国房地产业的发展速度是令人称奇的，但在快速发展的同时也应该看到，房地产业已经蕴藏了一些较大的风险。房地产是人们赖以生活和生产的基本物质条件，公民住宅权的保障是国家重点关注的民生问题之一。然而，近年来由于地方政府经营城市理念的推广导致土地价格节节攀升，开发商对房价上涨的预期和投资性房地产比例提高以及住房有效供应不足、开发建设成本快速上涨等因素，我国的商品房价格上涨速度过快，房价高居不下，极大地增加了购房人的购房成本，购房开支已经成为城镇普通家庭、中低收入家庭最大的一项支出，而处于高位的房地产价格让普通家庭只能“望楼兴叹”“望价兴叹”。

第二节　房地产法

一、房地产法的法律属性

房地产法是指调整房地产开发、交易、服务管理及其他与房地产相关的各种社会关系的法律规范的总称。房地产法有广义和狭义之分。广义的房地产法是指一切涉及房地产开发、交易、物业管理和房地产管理的相关法律规范。狭义的房地产法是指国家的专门立法，如我国1986年颁布的《中华人民共和国土地管理法》（现实施的是2004年修订版）和1994年颁布的《中华人民共和国城市房地产管理法》（现实施的是2007年修订版），以下分别简称《土地管理法》和《城市房地产管理法》。《土地管理法》和《城市房地产管理法》的颁布使土地和房屋管理各自有了法律依据。从形式上看来，这是两部各司其职且并行的法律，但实质上，这两部法律有着难以割断的联系。房地产法所调整的对象就是房地产关系，房地产关系具体是指房地产开发关系、房地产交易关系、物业管理关系和房地产管理关系。

传统上，大陆法系的学者进行法学研究的思维定式是要将法律的部门归属划分清楚。一部部门法出现了，首先要看它是不是独立的法律部门，如果是独立的法律部门，则认为它在法律体系中占有一席之地；如果不是独立的法律部门，则要给它划分法律部门。就房地产法在整个现行法律体系中的地位而言，它不是独立的法律部门，这是毫无争议的，但是关于房地产法的归属，即房地产法的法律属性问题，法学界则有不同的看法。一般而言，主要有三种观点：

第一种观点认为房地产法应归属于经济法，即经济法说。该观点认为房地产法既调整横向关系，又调整纵向关系，符合经济法调整对象的特点，持该观点的主要是经济法学界的学者。该观点认为：第一，房地产法所调整的法律关系属于国民经济管理关系，反映了政府对房地产市场的宏观调控关系；第二，房地产作为一种产业，调整房地产关系的法律应属于经济法；第三，我国房地产的两部基本法律——《土地管理法》和《城市房地产管理法》都冠以“管理”二字，更侧重于经济法的性质，因为经济法是从社会整体利益出发，国家依法管理和协调国民经济运行关系的法律规范的总称。

第二种观点认为房地产法属于行政法，即行政法说。该观点认为房地产法是行政管理法，应归属于行政法范畴。其主要理由有：第一，房地产法调整的房地产关系，始终含有政府的行政管理因素，存在不平等主体之间的法律关系，如土地的征收、房屋的拆迁、土地用途管制、建设立项审批、房地产税征收。第二，“狭义上的房地产法，是一个与《中华人民共和国物权法》《土地管理法》有着密切联系，但在立法层次上低于这两个法律的专门法规，基本上属于行政法的范畴。”

第三种观点认为房地产法属于民法，即民法说。该观点认为房地产本身就是物权中物的重要形式——不动产，房地产法主要调整着大量的民事关系，如房地产买卖关系、房地产租赁关系、房地产抵押关系、物业服务关系等，这些关系都是发生在平等主体之间的，涉及的行政管理关系较民事关系少，且行政主体的参与也只是对平等主体双方权利的确认和保护。

有学者认为，在探讨房地产法的性质时，必须先要寻找一个立足点，即从什么角度来研究房地产，是把房地产作为不动产，还是作为一种产业来研究。若把房地产作为不动产来研究，房地产法的性质自然属于民法；若把房地产作为一种产业来研究，房地产法的性质应属于经济法。该主张是有一定道理的，因为事物不是片面和静止的，应该以发展的眼光看问题。笔者认为房地产涉及地产、房产，是一个复杂的经济问题，其立法问题也涉及方方面面，仅一个部门法难以完成其使命。房地产法虽然不是独立的法律部门，但也不必非得给它找一个归属，人们知道它是一个跨民法、行政法、经济法的交叉学科就行了。

二、房地产法与相关部门法的关系

房地产法是一个跨民法、行政法、经济法的交叉学科，与其他相关法律部门的关系十分密切，因此，有必要进行比较分析。

(一)房地产法与民法的关系

房地产法与民法的关系极为密切。民法是调整平等主体财产关系与人身关系的法律；房地产法调整的对象有很多涉及平等主体之间的财产关系，如房地产的交易、物业服务等。民法作为调整市场经济活动的基本法，其基本原则对房地产法具有指导意义，如诚实信用、平等自愿、等价有偿原则在地产民事法律关系中同样适用。两者除了具有共同之处外，还存在区别，具体如下：

1. 两者调整对象不同

民法只调整平等主体之间的财产关系和人身关系，即横向关系；而房地产法除了调整平等主体之间的财产关系之外，还调整政府行政机关与公民、法人之间的财产管理关系，即纵向关系。房地产法不调整人身关系。

2. 两者法律规范的性质不同

民法主要调整商品在流通领域中的关系；房地产法不仅调整流通、消费领域中的关系，还调整生产领域中的关系。民法大多为任意性规范，强调双方当事人的意思自治，房地产法涉及对房地产业的管理，较之民法的任意性法律规范，其主要以强制性规范为主，如房地产当事人之间的房屋买卖必须向政府有关部门申报成交价格、缴纳税费、办理房屋所有权过户登记等。

(二)房地产法与土地法的关系

土地法是调整在土地的开发、利用、管理、保护过程中所发生的社会关系的法律规范的总称。房地产法与土地法的关系十分密切。房地产开发经营离不开对土地资源进行管理，反过来，对土地资源进行管理可以为房地产开发经营服务，两者共同构成土地资源到房地产管理的全过程。这两类法律，相互衔接，相互配合，但是两者毕竟有其不同之处，各有侧重。

1. 两者的归属不同

土地法主要侧重于土地行政管理关系，是从资源角度进行规定的；房地产法则侧重于房地产开发经营中的各种行政管理关系、经济关系，是从房地产行业的角度进行规定的。因此，土地法应当属于环境与自然资源法的内容；而房地产法则是一个跨民法、行政法、经济法的交叉学科。

2. 两者的调整对象不同

土地法调整的是土地关系，大多数是农业用地；而房地产法调整的是房地产开发、交易、物业服务和房地产管理的社会关系。

3. 两者的适用范围不同

土地法主要针对农业用地，其立法的宗旨是维护社会主义公有制，切实保护一切耕地；而房地产法主要针对在城镇国有土地之上所发生的各种房地产关系，如土地出让、房地产开发、房地产交易、物业服务、房地产管理等，其立法的宗旨是维护房地产市场的交易秩序，保障房地产当事人的合法权利。

第三节　房地产法律关系

一、房地产法律关系的分类

房地产法律关系是指受房地产法调整的在房地产主体之间发生的以特定权利义务为内容的社会关系。

按照法律的性质不同，房地产法律关系可分为两种类型：

(一)房地产民事法律关系

房地产民事法律关系是指平等主体的公民之间、公民与法人之间、法人与法人之间所发生的有关房地产财产的社会关系。该关系是一种横向的财产关系。具体包括房地产开发关系、房地产交易关系(房地产买卖关系、房地产租赁关系、房地产抵押关系等)、物业服务关系。在房地产民事法律关系中，交易各方应遵守平等、互利和公平的民法基本原则。

(二)房地产行政法律关系

房地产行政法律关系是指政府在房地产行政管理过程中与行政相对人之间所发生的关系，该关系是一种纵向的行政管理关系。具体包括取得土地使用权的申请、审批关系，房屋交易中的交易登记、产权过户所形成的管理关系以及缴纳各种税费所形成的管理关系。在现实生活中，房地产中的行政管理关系，涉及房地产权利人权利的取得、交易行为的法律效力及其是否能得到法律保护的重要问题，因此也是人们不可忽视的一种法律关系。

二、房地产法律关系的特点

(一)房地产法律关系的主体众多

房地产法律关系产生以后，房地产法律规范便落实为约束当事人行为的具体的权利和义务。一种社会关系，发生的是人与人之间的关系。房地产法律关系主体即参加房地产法律关系的当事人。它既是权利的享受者，又是义务的承担者。参与房地产法律关系中的主体众多，在房地产一级市场当中，包括政府、用地者；在房地产二级市场中，包括房地产开发商、消费者、政府、房地产中介组织、金融机构等。在不同法律性质的经济活动领域，同一主体可以构成不同地位的房地产法律关系主体。例如，某国家机关既可能是管理主体，也可能是被管理主体，还可能是与企业发生平等交易的主体。

(二)房地产法律关系的客体特定

房地产法律关系的客体既包括物，也包括行为。作为物，房地产法律关系的客体是特定的，永远指的是房地产，其分为土地和房屋以及附属物，它们属于不动产。不动产依自然性质，在房地产生产、流通或消费环节中不能发生位移，如果移动，就会改变性质，损害其价值。

(三)房地产法律关系的性质具有复杂性

房地产法律关系既有平等的主体之间所发生的财产关系(横向关系)，又有政府对房地产行业进行管理的关系(纵向关系)。一部法律既调整横向关系，又调整纵向关系，是比较有特色的。

三、房地产法律关系的构成

任何法律关系都是由三大要素构成的，即主体、客体和内容。房地产法律关系同样如此，其由三要素构成：

(一)房地产法律关系的主体

房地产法律关系的主体，是指房地产法律关系的参加者，即参与房地产法律关系，享有权利和职权，承担义务和职责的人。享有职权和权利的参加者，即房地产法律关系的权利主体；而负有义务和职责的参加者，则是房地产法律关系的义务主体。由于房地产法律关系具有双务性，所以，在大多数的房地产法律关系中，一方权利主体同时又是义务主体，双方互为权利义务关系。

按照各类主体在房地产法律关系中的作用，房地产法律关系主体可分为：

1. 政府

政府是国家所有土地的管理者、国有土地使用权出让及土地征收等法律关系的直接参加者，根据其参与活动身份的不同，会形成不同性质的法律关系。具体而言，政府包括各级国家行政管理机构，如国家各级房地产管理机关（国土资源管理部门、房产管理部门、建设管理部门、规划管理部门）和物价管理部门等。在房地产法律关系中，政府是代表国家行使房地产管理职能的主体。

2. 房地产开发商

房地产开发商是指以房地产开发经营为主体的企业，它们通过实施开发过程而获得利润，是对土地、房屋进行全面开发的核心和组织者，因此其成为房地产开发中的主要主体。房地产开发企业分为专营、兼营和项目公司三类，房地产开发企业按照开发商的人员素质、规模等标准分为一、二、三、四共四个资质等级。未取得房地产开发资质等级证书（以下简称资质证书）的企业，不得从事房地产开发经营业务。

3. 房地产交易主体

房地产交易是房地产交易主体之间以房地产这种特殊商品作为交易对象所从事的市场交易活动。房地产交易是一种专业性很强的交易。房地产交易的形式、种类很多，每一种交易都需要具备不同的条件，遵守不同的程序及办理相关手续。按交易形式的不同，房地产交易划分为房地产转让、房地产租赁和房地产抵押。房地产交易主体具体包括从事房地产交易的双方当事人，即房地产转让关系中的买卖双方，房地产租赁关系中的出租人和承租人，房地产抵押关系中的抵押人和抵押权人。

4. 房地产中介机构

房地产中介机构又称房地产中介服务主体，是指直接从事房地产开发、交易以外的房地产服务的经营者，房地产中介机构具体分为房地产咨询机构、房地产估价机构、房地产经纪机构。

（二）房地产法律关系的内容

房地产法律关系的内容即房地产法律关系主体享有的权利和承担的义务，或其所拥有的职权和应履行的职责。由于房地产法的调整，当事人之间基于土地、房产的所有、使用以及开发、交易和管理所形成的权利义务关系便具有了法律上的效力。

由于房地产法律关系的主体参与不同性质的关系，居于不同的地位，故其权利义务可分为两大类：一类是房地产管理关系中有关行政主管机关的经济管理职权，此时权利(权力)、义务(责任)合为一体；另一类是房地产市场运行关系中平等主体之间的经济权利、经济义务，此时权利、义务往往是对应的，没有无权利的义务，也没有无义务的权利。

具体而言，房地产法律关系的内容包括以下几种：

(1)房地产权利，是指房地产法律关系主体为实现某种利益，有权依法做出或不做出一定行为、要求义务主体做出或不做出一定行为的资格，如房屋的转让权、租赁权、抵押权等。

(2)房地产义务，即房地产法律关系主体依法应做出一定行为或不做出一定行为的责任，如房地产交易价格申报义务等。

(3)房地产职权，是指房地产法律关系主体为履行义务，在依法行使领导或监督职能时所拥有的权力，如审查批准权、监督管理权、调查处理权等。

(4)房地产职责，是指房地产法律关系主体按照法律、法规、规章制度的规定在运用行政管理职权时，必须做出或不做出一定行为的职责。

房地产职权和职责是不可转让和放弃的，有关的房地产法律关系主体必须依法行使。

(三)房地产法律关系的客体

房地产法律关系的客体是指房地产法律关系主体行使权利和职权以及履行义务和职责所指向的对象。和其他法律关系的客体一样，房地产法律关系客体具体包括物和行为。

1. 物

物作为房地产法律关系的客体是特定的，指的是房地产，分为土地和房屋以及附属物，它们属于不动产。

在我国，土地依照其所有权归属的不同，可以分为国有土地和集体土地。依照《中华人民共和国宪法》和《土地管理法》的规定，属于国家所有的土地包括：①城市市区的土地；②农村和城市郊区中已经依法没收、征收、征购为国有的土地；③国家依法征用的土地；④依法不属于集体所有的林地、草地、荒地、滩涂及其他土地；⑤农村集体经济组织全部成员转为城镇居民的，原属于其成员集体所有的土地；⑥因国家组织移民、自然灾害等原因，农民成建制地集体迁移后不再使用的原属于迁移农民集体所有的土地。

集体所有的土地包括所有国有土地以外的农村和城市郊区的土地、宅基地、自留地、自留山。

根据地理位置的不同，房屋可以分为农村房屋和城市房屋。在我国，农村房屋和城市房屋因为房屋占有土地使用权属不同、城乡户籍的不同等，导致两种房屋使用的规则也不同，农村的房屋还不能完全实现商品化。

根据性质的不同，房屋可以分为商品房、经济适用房和廉租房。

按照房屋的用途不同，房屋可以分为住宅用房和非住宅用房。

2. 行为

行为，作为房地产法律关系的客体，是与房地产相关的各种行为，即房地产法律关系的主体享有权利、行使职权或承担义务、履行职责所进行的活动，如房地产开发活动、房地产交易活动、物业服务活动以及房地产行政管理活动等。

第四节　房地产法的基本原则

一、坚持土地公有制原则

我国是社会主义国家，土地公有制是我国社会主义制度的基础，《土地管理法》第 2 条规定："中华人民共和国实行土地的社会主义公有制。"因此，进行土地管理和土地利用都必须以遵守土地公有制为前提。社会主义公有制在土地制度上的表现有两种基本形式，即土地的全民所有和劳动群众集体所有。全民所有即国家所有，土地的所有权由国务院代表国家行使。劳动群众集体所有即农民集体共同拥有土地。我国境内的土地，城市市区的土地属于国家所有，农村和城市郊区的土地，除由法律规定属于国家所有的以外，属于农民集体所有。

二、推动房地产市场化原则

市场经济是价值经济，人们必须要遵循价值规律，在市场经济下，房地产是商品，理应实现其价值的最大化。因此，促进房地产商品化是房地产法的重要原则。房地产市场化主要通过实行国有土地有偿、有期限的使用制度和实行城镇住宅的商品化表现出来。实行土地和城镇住宅的商品化、货币化，可以发展土地使用权交易市场和商品房市场，以促进市场经济的完善。

(一)土地有偿使用原则

我国于 20 世纪 90 年代正式确立了国有土地有偿使用制度，结束了国有土地无偿使用的状况，建立了规范的土地市场。国有土地有偿使用制度是指政府遵循等价有偿的原则，按照市场方式将土地的使用权让渡给用地者，用地者需向政府支付土地使用权出让金，这种通过支付对价方式取得国有土地使用权的规定，表明在我国，国有土地使用权已经像其他商品一样可以进入市场流通，且具有保值与增值性。

（二）城镇住房商品化原则

20世纪80年代初，我国开始实行城镇住房制度改革，结束了计划经济下福利分房的局面，使人们逐步认识到住房也是商品，可以进入市场流通和消费。随着经济体制改革的进一步深化，为适应市场经济的要求，国家又进一步明确住房制度改革的根本指导思想是逐步实现城镇居民住房商品化，不断满足人民群众日益增长的住房需求，加快住宅建设，促进经济增长，提高居民的居住水平。

三、十分珍惜、合理利用土地和切实保护耕地的原则

我国耕地资源稀缺，在不到世界10%的耕地上，承载着世界22%的人口。我们面临的人多地少矛盾，是极为尖锐和突出的。更为严峻的是，有限的耕地资源还在大量减少。今后一个相当长的时期，我国人口将继续增加，人地矛盾将更加突出。因此既要考虑满足当代人的需要，也要为子孙后代留下生存和发展的空间。唯一的出路就是实行最严格的土地管理制度，保护和利用好每一寸土地。在土地问题上，不能犯不可改正的历史性错误，贻祸子孙后代。现在，人们已意识到土地是不可再生资源，十分珍惜、合理利用土地和切实保护耕地已成为我国的基本国策之一。各级人民政府应当严格执行土地管理法律、法规，采取严格的土地管理措施，加强土地规划管理和用途管制，合理保护土地资源，制止非法占用土地，尤其是耕地的行为。对耕地实行特殊保护，包括基本农田保护制度、占用耕地补偿制度。

四、国家扶持发展居民住宅建设的原则

国家扶持发展居民住宅建设是房地产发展的一个很重要的方面，在我国目前的房地产开发建设中，应当着重发展居民住宅建设。我国的城市化进程正以前所未有的速度推进，而住房作为社会公众最基本的物质生活资料，事关社会公众的切身利益，是经济建设和社会管理的基础性问题，公众对其是刚性需求。因此，住房作为特殊商品已成为老百姓最为关切的民生大事之一。“居者有其屋”是建设社会主义和谐社会的重要目标，在这种形势下，扶持发展居民住宅建设日益受到重视。《城市房地产管理法》第4条规定，国家根据社会、经济发展水平，扶持发展居民住宅建设，逐步改善居民的居住条件。发展居民住宅建设、改善居民的居住条件有利于更好地满足社会公众的住房需求，能够实现保障和改善民生的基本任务。

第二章　房地产立法研究

综观世界各国、各地区房地产业发展的历史进程以及起伏兴衰可以发现，房地产业发展的决定因素为该国或该地区经济发展的状况，城市基础设施承载能力和周边交通、能源、通信及房地产开发的现状等，而该国家或地区决策层的认识及对房地产业的政策和法律规则是其中最重要的因素。事实证明，房地产业的政策法规变动，必然引起房地产业的变动，政策法规的失误很可能会给房地产业造成灾难性后果。美国曾出现住房储蓄与信贷银行破产，造成500亿美元的债务，给房地产业以沉重打击；英国因经济政策调整造成房地产公司申请破产；日本的许多大城市地价过高，使大批土地无人问津，严重制约了房地产业的发展。另外，与之相配套的建材业、服务业的发展状况，房地产消费能力及市场导向，国际房地产业及金融走势的反作用，房地产公司的管理水平及职工素质，也会成为促进或制约房地产业发展的相关因素。

第一节　房地产立法比较研究

为了减少房地产运行中的交易成本而运用法律手段对房地产活动进行宏观调控和管理是房地产法律规范的要义。在房地产运行过程中，保障交易主体自由、平等、公平交易，减少交易成本，以使效益最优的目标应当依靠房地产法实现。

一、房地产法律渊源

早在远古时代，房地产就是人类生存不可或缺的重要生产资料，也是统治阶级极欲占有的财富。公元前18世纪颁布的《汉谟拉比法典》中，就有关于土地所有权的规定，法典把土地、房屋、牲畜等列为买卖对象。罗马法时期，不动产的概念产生。罗马法中物权法中的规定有很大篇幅是关于土地权利的，并且设立了土地所有权、地役权、永佃权、地上权、典当权、抵押权等权利形式。近代的《法国民法典》在第二编第一章中详细规定了所有权、役权、地役权、用益权、使用权及居住权，并规定了房地产的性质，如第518条规定土地及建筑物依其性质为不动产。

《德国民法典》在第三编物权法中也详细规定了土地和房产取得与转让的法律方法。第二次世界大战之后，现代房地产业在世界范围内得到了空前发展，基于房地产产生的各种社会关系越来越复杂，迫切要求法律对其进行规范和调整。各国纷纷颁布了大量有关房地产的法律，主要包括土地法、住宅法、规划法和房地产交易法等。目前世界各国制定的房地产法，从性质上说大部分属于行政法或经济法。由于房地产及房地产业的一些特殊性，国家对这一领域的干涉更强于其他一些经济领域，国家通过制定各种相关法律来控制房地产交易中不正当竞争行为，以维护市场的公平竞争秩序，最大限度地降低交易成本，调整权利配置，从而实现整个经济的协调发展和良性运行。

就其法律渊源讲，国外房地产法主要由三部分组成：

（一）宪法、民法、经济行政法中关于房地产的法律规定和条文

美国在其宪法修正案中明确指出未经正当法律手续不得剥夺任何人的生命、自由或财产；凡私有财产，除非有适当赔偿，不得收为公用。1896 年，日本颁布的《日本民法典》较为详细地规定了与房地产相关的各项权能，即私有权、地上权、长期租地权及使用他人土地相关权。英国在公司法、信托财产法、合伙法、贷款法、契约法以及不动产法中相应制定了调整房产法律关系的各项条款。

（二）制定与房地产活动相配套的单行法规

日本自 1899 年至 1975 年分别对住宅管理、土地开发、建筑设计、工程施工、房产拥有、房地租的征收发布了 20 多个单行法规。为解决住宅问题，日本在第二次世界大战后进行了大规模的立法活动，并相应颁布了数以百计的政令、告示等行政法律规范，形成了较为完整的体系，涉及计划法、组织法、劳动法、财政金融法、环保法、行政法等部门法律，这些法律对保证住宅建设的持续发展和解决住房问题起了巨大的促进作用。美国、新加坡、意大利与日本类似，颁布了大量单行法规。英国、新西兰、加拿大、德国、古巴则制定了住宅总法。另外，有许多国家在其民法典中都有着关于房地产方面的较详细的规定。

（三）与房地产相关的税费法

房地产税，一般指以房地产为课税对象的税赋。广义而言，泛指一切直接对土地及土地上的附着物课征的税赋。在各国与房地产有关的现行法律规范中，税费法是不可或缺的重要组成部分。税法有助于在分配领域保障社会分配与再分配的公平，并通过税收手段来调控经济运行和促进社会发展，从而起到提高经济效益和促进社会进步的作用。对房地产课税，不仅是政府获得财政收入的一个重要来源，而且是调节房地产占有关系、调整房地产收益分配、抑制土地投机、促进房地产业合理运行的有效手段，其目的是保障社会公平，维护社会公共利益。目前，各国和城区都制定了相应的房地产税(费)法，我国台湾地区，颁布有《土地税法》《土地税施行细则》《土地税减免规则》《工程受益费征收条例》《工程受益费征收条例施行细则》《房屋税条例》，相应的税种有地价税、空地税、荒地税、田赋、房屋税、工程受益税、契税、赠与税等十几种。日本房地产税(费)有所得税、法人税、继承和赠与税等六种。英国房地产税(费)有所得税、增值税、开发土地税等。

在我国香港特区，直接或间接来自土地的收入是特区政府重要而稳定的财政来源，拍卖土地收入占财政收入比重的15%左右，在有的财政年则高达37%。具体税种和税率为：

(1)对不动产交易征收的印花税(税率为0.75%～2.75%)；

(2)对物业所有人征收的物业税(按出租物业所得收入扣除20%后的余额征收，税率为15%)；

(3)对物业使用人征收的差饷费(一般按租金的一定比率征收)；

(4)遗产税(税率为6%～18%)，其中价值200万港元以下的遗产免征遗产利得税；

(5)在香港经营地产行业专业或兼业而获得盈利的个人或公司均须缴纳利得税(又称溢利税)，税率为16.5%。

我国香港地区有关房地产税收的规定主要有5个条例：《税务条例》规定了物业税的征收；《差饷条例》规定了对物业使用者征收差饷的有关事项；《印花税条例》涉及一切土地契据的纳税；《遗产税条例》规定了对地产的估价及遗产税的征收；《地税及补地价分摊条例》规定了多层大厦的物业主们怎样分摊地税及应补的地价。

新加坡的房地产税(费)则有不动产税、印花税和律师费、遗产税、开发受益费等。

在我国内地，国家除了出让土地时收取一次性的出让金外，还按年收取土地使用税，以示国家对土地的所有权，即相当于香港特区政府征收的物业差饷。除土地使用税外，房地产业还要交纳房产税、土地增值税、契税、所得税、印花税等十余种税。我国关于房地产税的征收，依照《中华人民共和国税收征收管理法》的规定办理，此外，还依据相关的各项条例，如《房产税暂行条例》《契税暂行条例》《建筑税暂行条例》《建筑税暂行条例实施细则》《城镇土地使用税暂行条例》《城镇土地使用税暂行条例实施细则》和《耕地占用税暂行条例》。

二、房地产立法特点

综上所述，一个国家(地区)的房地产法律、法规，是确定和维护该国(地区)房地产制度，推行房地产政策，解决房地产业存在的问题，以及保障房地产管理部门实施房地产管理权能的法律依据。由于房地产行业具有很强的投机性，这种市场行为带有极大的盲目性，会导致社会总量失衡，妨碍国民经济的良性运行，损害公民利益，造成社会不公平。因此，国家应通过房地产法律、法规加强对该行业的调控和管理。房地产具有其特殊性，涉及地产和房产，是一个复杂的经济问题，因此，调整它的房地产法也较特殊，它是跨民法、经济法和行政法诸法律部门的立法体系。一般来说，发达国家普遍重视房地产立法，在房地产活动及管理中坚持法治而非人治。就世界范围内综合来看，各发达国家房地产立法具有如下特点：

(一)法规数量多，涉及范围广

房地产涉及地产和房产，反映的经济问题很复杂，不可能有一部法律能够包罗万象、面面俱到，只能依据若干法律、法规共同作用、相互补充予以解决。许多国家(地区)针对房地产领域进行了大量立法活动。根据 1979 年日本《国土六法》所载，该国有关土地的法律有 500 多部。日本关于住宅建设的法律、法规多达几十部。新加坡先后制定了与土地有关的法令 20 多个。在我国香港地区，涉及房地产问题的法律条例就有 50 多个。

(二)具有明确的目的性，条文规定细致

日本关于住宅建设的法律大多在第 1 条写明其宗旨是提供大量的住宅和住宅地，改善国民的居住环境和安定国民生活。此外，日本通过大量的建设基准法具体规定住宅的建设区域、建设标准，住宅规格，环保要求，从而保证了住宅建设与整个国民经济的发展与规划相符合。韩国于 1962 年公布的《土地征用法》第 1 条明确了制定该法的宗旨是：规定关于公益事业所需的土地征用和使用事项，以期提高公共福利和与私有财产权的协调，从而对合理使用，开发国土和发展做出贡献。英国早在 1946 年颁布的《新城法》是国家干预土地利用的开端，后来对城市土地管理的细则就以此为依据。

(三)以基本法为主，主攻方向明确，法制完备

各个国家和地区房地产立法均有基本法，不论条文长短，都规定了明确的主攻方向及实施效果。日本关于地产的基本法是《国土综合开发法》和《国土利用计划法》，其目的是综合土地利用、开发和保全国土，同时使产业布局合理化和提高社会福利。日本关于房产的基本法是《住宅建设计划法》和《住宅金融公库法》，其旨在改善国民居住环境，安定国民生活。此外，一些国家对于重要的土地领域还专门制定了专项法律、法规。新加坡以《土地征用法》作为其关于土地的基本法，并充分利用法律手段先后颁布了与土地有关的各项法令。关于房产，很多国家均以房产法和住宅法作为基本法，并制定相关配套的各种法律、法规。

三、我国房地产立法现状

自改革开放以来，我国房地产法律制度也在逐渐完善。1994 年 7 月 5 日，第八届全国人大常委会第八次会议审议并通过了房地产领域的基本法，即《城市房地产管理法》。这是我国房地产法制建设的一个重要里程碑，填补了我国房地产立法的空白，结束了我国 40 多年没有房地产基本法的历史。目前，以该法与《土地管理法》为基础，以其他法律为辅助，形成了我国规范房地产的一套有机统一的法律群体。主要包括《城镇国有土地使用权出让和转让暂行条例》《中华人民共和国城乡规划法》《城市房屋权属登记管理办法》《城市房地产开发经营管理条例》《城镇廉租住房管理办法》《城市房地产抵押管理办法》《中华人民共和国农村土地承包法》《物业管理条例》《城市私有房屋管理条例》《城市危险房屋管理规定》《房地产估价机构管理办法》《关于外国人私有房屋管理的若干规定》《城镇土地使用税暂行条例》《耕地占用税暂行条例》《房产税暂行条例》《城市商品房预售管理办法》等。当然，我国的房地产法律体系处于尚待完善时期，与发达国家相比还存在许多不足，随着我国市场经济进程的进一步深化，国外发达国家的先进立法经验和成熟的法律制度将更多地为我国所吸收、借鉴，我国的房地产法制建设将日趋完善。

四、房地产立法的国际化趋向

关于房地产立法，联合国等国际组织通过了作为房地产国际法律规范的文件，世界各国先后加强了房地产立法，使其房地产法制日益完善，保证房地产业的有序、持续发展。如今，房地产业的发展已经超越了国界，房地产法律关系当事人也不限于同一国籍。国际经贸活动的发展和深化，加速了房地产业的国际化趋势。同时，各国涉外民事、经济冲突大量出现，国际化的房地产法成为现代国际私法的重要组成部分，各国先后在其国内法中规定了涉外房地产条款，并在许多相关的国际多边、双边条约中缔结了与房地产有关的条款。对于不动产物权的法律冲突，以不动产所在地法为准据法，已成为国际公认的冲突法准则。我国也在《中华人民共和国民法总则》《中华人民共和国民事诉讼法》及参加的国际公约中，对该项准则予以确认。从现状和趋势来看，我国房地产业的外向化趋势已成为必然，由于外资大量涉足我国房地产业，我国涉外房地产纠纷日渐增多，而我国法院受理该类案件就是按照不动产依不动产所在地法这项原则进行的。房地产法的国际化，还通过各国尊重国际条约、国际惯例而制定、修改国内房地产法律，保证其房地产法在内容上与国际惯例相适应。《城市房地产管理法》也正体现了参照国际惯例来运作中国房地产的大思路，该法着重对房地产开发经营行为做出统一规范而未对行为主体的身份和国籍加以限制，体现了对外商和港、澳、台同胞投资经营房地产业的国民待遇原则，从而为其在开发经营中的合法权益提供法律保障，使外商、港澳台商和大陆房地产开发企业享有同等的权利与义务，在同一起跑线上展开竞争。对于炒楼花问题，《城市房地产管理法》对此予以承认，并以此法为依据，通过了与其相配套的《城市商品房预售管理办法》，这是为了房地产业长期发展和鼓励外商投资房地产业的长远计议，符合国际惯例。房地产法的国际化，为投资经营房地产的世界产业潮流提供着越来越重要的法律保障，熟悉、用好它，已成为每个投资者自觉或不自觉的迫切需求。世界各国对房地产这一重要的生产和生活资料都予以高度重视，关于房地产法律调整的内容也都规定得非常细致和周密。房地产立法发展的趋势日益呈现出多样化与多元化趋势，并向国际化方向迈进。

第二节　我国房地产立法的缺陷及其完善

我国的房地产市场在20世纪80年代末逐渐形成，目前仍处于发展阶段。我国房地产领域虽已初步具备了基本的运作规范，但与实践相比，我国的房地产法制建设仍然相对滞后，房地产立法中存在的问题也较多。加强房地产法制建设，完善房地产立法体系，对我国市场经济体制的建立和完善具有十分重要的意义。

健全的法律、法规体系对于保证我国房地产市场的有序运作和促进房地产市场的发育和完善，无疑会起到积极作用。但就整体而言，我国的房地产立法尚存在诸多缺陷，需要不断加以完善。

一、我国房地产立法的主要缺陷

(一)房地产立法较为混乱

作为法律、法规，在使用专业术语时，含义必须准确，不能引起歧义。房地产立法在这方面存在着很多疏漏，如国家以所有人身份将国有土地使用权有偿让与土地使用者，在《城市房地产管理法》中称为“出让”，而在《上海市土地使用权有偿转让办法》中却称为“转让”，虽一字之差，语义却大相径庭。因为土地使用权出让是指国家作为出让方把国有土地的使用权交给受让方使用的行为，该行为决定了房地产一级市场的形成；而土地使用权转让则是国有土地的使用权在使用者之间进行流转，该行为决定了房地产二级市场的形成。此外，我国的房产管理部门和土地管理部门之间的职责划分不够明确，存在职权交叉现象，片面强调地方或部门利益，权限受制于利益，各自做局部微调，针对同一事项也可能制定出相抵触的法规与政策，条文结构和语句尚欠严密和准确，用语不规范，法规之间缺乏协调性。例如，在土地使用权出让的最高年限上，各法律规定互不相同，《城镇国有土地使用权出让和转让暂行条例》规定：居住用地70年，工业用地50年，商业用地40年；《上海市土地使用权有偿转让办法》规定：娱乐用地20年，工业用地40年，旅馆、商业、办公楼、科技、教育、文化、卫生、综合或其他用地50年；《深圳经济特区土地管理条例》则规定：出让国有土地使用权的年限，根据生产行业和经营项目的实际需要确定，最长为50年。房地产法律、法规之间在内容上不能衔接，甚至相互冲突、矛盾，这样的规定使得法规之间缺乏统一性，从而导致在具体的执行中法律的效力大打折扣。

(二)房地产立法内容不够全面

房地产业是从事房地产开发、经营、服务的一个重要产业，其门类众多、范围广泛，需要大量相互配套、相互协调的法律、法规和规章来加以规范。我国虽然已经颁布了与房地产相关的一系列法律、法规，但事关公众利益的住宅法至今还未出台。此外，已颁布的相关法律、法规也不全面，如关于土地出让的问题，我国对土地出让基本上已做到有法可依，然而，土地出让后进入二、三级市场转让、出租、抵押，集体土地能否进入市场流动，土地评估办法和地籍管理办法等，均处于无法可依的状态。房地产立法内容不全面，并且缺乏与之相配套的法规，这些现象都影响着我国房地产市场的发育和完善。

(三)房地产立法严重滞后于客观现实需要

房地产立法应该既能反映房地产活动中长期稳定的关系，又能符合房地产关系的未来发展趋势和模式，而目前我国房地产立法中存在很多短期行为。近几年来，我国房地产立法虽然制定了长远规划和年度计划，但由于经验不足，立法计划缺乏科学性，立法内容缺乏科学的论证。有些房地产法规的制定往往只注重近期的需求，而忽视对房地产关系的科学预测，这样极易造成朝令夕改，并且立法严重滞后客观现实需要，多次出现“去年出现问题，今年提出立法动议，后年才出台法律”的“雨后送伞”式的立法状况。在深化改革和扩大开放的形势下，房地产立法应紧跟改革开放形势，及时地把改革开放中已为实践证明的行之有效的成功经验、方法、措施上升为法律规范，使之规范化、固定化、制度化。但目前房地产立法往往不能及时反映和调整社会关系变化的现象，造成一些领域在相当长时间里出现无法可依的情况。如我国实际上已出现土地发展权问题，但目前尚未有法规对该问题做出相应的规定。立法的滞后，与我国房地产业迅猛发展的现实不相适应。

(四)房地产立法层次结构不清，且临时性规章多

我国房地产立法层次结构不清，如《土地管理法》和《城市房地产管理法》关系

就很混乱。首先，从标题和理论上无法确定两者是从属还是并列关系；其次，从内容上看，两者既有从属又有并列，还有矛盾的部分。这两大重要法律之间的混乱关系给房地产的执法和司法实践带来了无穷的后患。

另外，我国房地产立法层次偏低。很多规定多以在效力上低于法律和行政法规的规章出现，且常以“报告”“意见”“指示”“暂行办法”等形式颁布出来，还有将房地产政策和房地产法规混为一谈的，不仅极不严肃，而且规范性差，难以执行和操作，严重削弱了房地产法律的权威性。

(五)房地产开发的税费制度不尽合理

我国房地产开发的税费负担较重，有的地方甚至费比税高，导致开发商税费负担加重，直接推动开发成本上升、房价居高不下，削弱了消费者对房屋的购买力。依我国现行的《城市房地产管理法》《城镇国有土地使用权有偿出让和转让暂行条例》《城镇土地使用税暂行条例》《城市房屋拆迁管理条例》等法律、法规的规定，并结合现行的成本管理和会计核算方式，我国房地产价格构成包括土地费用(包括土地使用权出让金或土地使用权转让费和拆迁补偿或安置费用)、建安成本、市政公用设施配套费用、相关税费、开发企业利润共五大部分。此外，一些与房地产有关的部门、机构经常还自行推出各种行政性、经营性收费，甚至变相收费、乱摊派或搭车收费。凡此种种，都加重了开发企业的负担，导致房屋价格居高不下，最终只能由购房者来承担。根据国际经验，当住宅价格相当于一般居民家庭年收入的 3～6 倍时，居民购买住宅的潜在需求才有可能转化为现实的购买需求和购买行为，而我国目前城镇平均房价相当于城镇居民家庭平均年收入的 9.84 倍。显而易见，过高的房价远远超出了现阶段绝大部分居民的购买能力，限制了居民对商品房的有效消费需求，而导致房价过高的一个重要因素便是房地产税费制度不合理，开发企业税费负担过重。

二、完善我国房地产立法的建议

针对我国房地产立法现状及存在的问题，在借鉴国外相关法律制度并结合我国实际情况的基础上，笔者建议采取以下立法措施：

(一)制定调整地产关系的基本法，即土地基本法

限于当时的历史条件，1986 年颁布的《土地管理法》主要是为了加强土地管理，解决乱占土地、滥用耕地问题，而对国土规划、整治、开发、利用等方面则没有做出任何规定。因此，对如何行使公有土地所有权、维护公有土地的权益，尚有许多根本问题不明确。《土地管理法》虽在 1998 年和 2004 年进行修订，也对上述不足进行了一些弥补，但依然定位为“管理法”，并不能调整各类土地关系。这种产

权虚置、权责不明的法律制度，必然容易产生所有权主体在行为上的短期化，从而助长长期投机行为。所以，有必要尽快出台一部土地基本法，对各种土地关系的主体、客体、内容等方面做出原则性规定。

(二)制定住宅法及其实施细则

制定住宅法及其实施细则将为当前正在进行的住房制度改革及改善居民居住条件工作奠定法律基础。高收入者的花园洋房或豪华别墅在经济上是可以自己负担的，不必考虑优惠扶持。作为城市居民主体的中、低收入阶层，大多数因收入不高而居住条件较差，需要政府通过制度措施加以解决，这也是实现国家长治久安的一个重要方面。世界上大多数国家都根据自己的国情颁布了有关住宅建设的法律并制定了许多相关政策。如新加坡在20世纪60年代之初积极推行"居者有其屋"计划，国家实行强制公积金制度，并将其作为社会保障制度之首。在新加坡，当居民的收入达到一定标准时，就不能继续住在政府补贴的公房里，而必须购房。政府补贴的房子对住户而言不是完整的产权，而是有限的，住户只有使用权。这种公房带有福利性质，所以住户一旦收入提高并达到一定标准，就得购买微利房或商品房。在我国香港地区，许多人一生中最大的开支就是住房按揭的每月还贷。日本依其《住宅建设法》制定了"平均住宅标准"和"最低住宅标准"。此外，日本还通过了大量的建设基准法，具体规定了住宅的建设区域、建设标准、住宅规格、环保要求，从而保证了住宅建设与整个国民经济的发展与规划相符合。韩国则制定了"长远住宅建设规划"，以促进住宅建设的不断更新和改进，政府为确保有效地执行这一规划，相应制定了《住宅建设促进法》。英国、新西兰、加拿大、德国、古巴则制定了《住宅总法》。

目前我国城镇房地产存量已超30万亿元，但因为城镇人口占总人口的比重超过50%，城市居民住房仍然相当紧张，解决城市居民住房问题应当是当前房地产业的首要问题之一。对于普通居民住房的开发建设，国家应给予相应的优惠政策予以扶持。《城市房地产管理法》中对此有所反映，然而，该法虽列有关于扶持发展居民住宅建设的条款，如第29条规定"国家采取税收等方面的优惠措施鼓励和扶持房地产开发企业开发建设居民住宅"，但这一规定较为原则、空泛，且该法本身并不能把已在中国实行了较长时期的福利分房政策改变为货币化、商品化住房政策，而这恰恰是住宅法的任务。我国虽然在1983年就将住宅法纳入全国人民代表大会的立法规划中，但至今仍未出台。

我国应借鉴国外先进经验，尽快制定住宅法，把实施住房制度改革政策所取得的成果固定化、法律化，以促进居民住宅建设，满足人民最迫切的要求。住宅法的内容应涉及以下几个方面：①住宅标准(类似国外的平均住宅标准，最低住宅标准)；②住宅用地(低价或无偿供给)；③住宅建设的税收优惠措施；④住宅金融

(住宅资金融通、低息抵押贷款等)；⑤住宅管理(修缮、使用、服务)；⑥住宅保障《房租补贴、租赁保障、结构安全、居住保卫》等。该立法尤其应着重解决中低收入者的住房问题。

(三)完善《中华人民共和国物权法》(简称《物权法》)中关于建设用地使用权的相关规定

房地产是不动产，是物的重要类型，物权则是民法基本理论的重要组成部分。我国于2007年3月16日第十届全国人民代表大会第五次会议通过了《物权法》，建立了完整的物权制度，为房地产立法奠定了民法基础，结束了物权这一重要民事法律制度无法可依的状况。但是《物权法》中关于房地产的一些规定尚需进一步完善。《物权法》第143条规定："建设用地使用权人有权将建设用地使用权转让、互换、出资、赠与或者抵押，但法律另有规定的除外。"第149条规定："住宅建设用地使用权期间届满的，自动续期。非住宅建设用地使用权期间届满后的续期，依照法律规定办理。"这样的立法规定，无疑具有进步意义，尤其是"住宅建设用地使用权期间届满，自动续期"的规定改变了1990年颁布的《城镇国有土地使用权出让和转让暂行条例》(国务院55号令)中第40条的规定("土地使用权期满，土地使用权及地上建筑物、其他附着物所有权由国家无偿取得。")，符合社会的发展趋势，该条款被看作《物权法》的一大亮点，一直被媒体称为"广大的业主们可以不必为70年后的问题担心"。但是，住宅建设用地使用权自动续期中如何续期？是有偿还是无偿？《物权法》并没有做明确规定。在续期时使用权人是否需要支付费用？这是广大业主关心的一个问题。对于该问题，我国的《城市房地产管理法》做出了规定，该法第22条："土地使用权出让合同约定的使用年限届满，土地使用者需要继续使用土地的，应当至迟于届满前一年申请续期，除根据社会公共利益需要收回该幅土地的，应当予以批准。经批准准予续期的，应当重新签订土地使用权出让合同，依照规定支付土地使用权出让金。"但是土地使用权出让金如何确定，始终没有具体规定。法律也没有对"住宅用地"和"非住宅用地"进行区分，而且对"未申请续期"或申请续期未获批准的情况下如何补偿，并未提及。因此，应尽快对有关住宅建设用地使用权期满后处置办法的法律进行修订，以"到期后自动无偿续期"为原则，使广大业主真正不用再为续期问题而担心。

(四)制定与房地产相关的配套法律、法规

房地产涉及房产、地产，是一个复杂的经济问题，其立法问题也涉及诸多方面，需要大量相关的配套法律、法规加以相互协调与配合。例如，关于房地产登记问题，我国现阶段的房地产登记制度以加强对房地产业的行政管理为主要目的，对于市场经济所要求的安全和效率，却没有提供相应的法律保障。因此，强化房地产登记的民事职能，为房地产市场流通确立运行及解决冲突的标准、保证交易安全，无疑是我国房地产登记制度的立法取向。《城市房地产管理法》确立了房地产登记在市场交易中的绝对效力，将登记规定为物权流转的标志，如该法第61条规定，房地产转让或者变更时，应当向县级以上人民政府房地产管理部门申请房产变更登记，并凭变更后的房屋所有权证书向同级人民政府土地管理部门核实，由同级人民政府更换或者更改土地使用权证书。第62条规定：房地产抵押时，应当向县级以上地方人民政府规定的部门办理抵押登记。因处分抵押房地产而取得土地使用权和房屋所有权的，应当依照本章规定办理过户登记。《城市房地产管理法》的出台，对房地产权属登记工作起到积极作用，在一定程度上弥补了有关房地产登记立法的欠缺和不足。但仅靠抽象的条款是不够的，当务之急是要尽快制定和颁布与之相配套的城市房地产登记管理办法，使之得以具体指导登记工作。城市房地产登记管理办法应规定房地产登记机关、房地产登记的法律效力、房地产登记簿册、图纸和证书、房地产登记程序、房地产登记复议、罚则等内容。

关于集体所有土地使用权问题，应制定农村集体非农土地有偿使用办法，规定有偿使用的非农集体土地的范围(包括农村宅基地、乡镇企业用地)；土地使用权出让、转让方法；出租、抵押办法等。

(五)完善与房地产相关的税费立法

在我国，目前的当务之急应是清理名目繁多的收费项目，该取消的应坚决取消，属于合理收费的，应通过立法措施予以固定化。同时，在相应税法中应针对普通居民住宅建设和经营用房、豪华住宅建设的不同适用不同的税率，以降低普通居民住房的售价，从而体现国家扶持普通居民住宅建设、实现“居者有其屋”的政策。其次，因我国当前涉及房地产领域的税收法规虽有10多个，但均以“条例”或“暂行条例”的形式存在，并非以“法律”的形式存在，从而导致如下缺陷：一是效力等级差；二是内容简要、原则性规范多、具体可操作性的规定少，造成执行中难以准确把握立法主旨；三是对减免税的有关规定过于笼统，造成具体执行中随意性太大。为消除上述弊端，应尽快修改、完善现行有关税费方面的法律、法规，对涉及国民经济关系较为重要的税种，应由全国人民代表大会或其常委会以法律的形式予以规定较为妥当。

(六)完善房地产金融法律制度

房地产开发具有资金需求量大、周转期长的特点，它的生产、流通、消费各环节都离不开金融业的融合、支持，而加强房地产消费环节的信贷支持尤其重要。在市场体系发达的国家和地区，房地产的开发经营都有金融部门的大力支持和扶持，各国为此均颁布了大量的法律、法规。在这些国家和地区中，都开设有专门为房地产开发经营业务提供金融服务的房地产银行，它们的业务范围包括发放土地开发贷款、土地经营贷款、办理土地抵押以及发行土地债券和股票、发放住房抵押贷款等。如韩国制定了《住宅银行法》并成立了住宅银行，支持和推动为低、中等收入的居民建设住宅，其主要功能是进行贷款，处理有关住宅建设、住宅交易、宅基地开发等的资金管理事务。在美国，除商业银行之外，政府还组建了“储蓄贷款协会”“互助储蓄银行”和“人寿保险公司”三类金融机构，为居民提供住房抵押贷款业务。与此同时，为了减少信贷机构的经营风险，美国政府还设立了“联邦住宅管理局”和“退伍军人管理局”作为专门的担保机构，前者主要对低收入家庭的住宅抵押贷款进行担保，后者专为退伍军人及其家属购买住宅提供担保。经担保机构担保的住宅贷款，其贷款条件比普通的住宅抵押贷款优惠，贷款额可达房产售价的97%，期限可长达30年。

目前我国商业银行已投入房地产领域，普通住房的贷款数额相当巨大，并且各商业银行均将房地产信贷业务视为优质贷款。但同时意味着房价波动的风险将会传导至商业银行，因此商业银行建立必要的风险防范和贷款发放的内控机制是当务之急。我国应借鉴外国先进经验，尽快制定房地产金融法律，对房地产的信贷规模、利率水平和贷款方式。与房地产金融相关的公积金管理、房地产融资的管理，对低收入者贷款的利息补贴等，都应做出相应的法律规定。推出并扩大住房抵押债券的发行规模，将房地产信贷风险分散化，同时还应建立起系统化、规范化的房地产信贷担保体系，使我国的房地产金融法制建设日趋完善。

第三章　土地管理研究

第一节　土地使用制度

一、土地使用制度概述

（一）土地使用制度的历史沿革

房地产对国家、法人和公民来说都是一项很重要的财富，它关系到经济发展和社会稳定，在当今世界各国，地产权可以说是整个财产权中最重要的一种形式，大卫·李嘉图曾说“土地是财富之母，劳动是财富之父”，但同时地产权也是较薄弱的一项权利。随着社会经济生活的发展，人们在土地上发生的各种关系越来越复杂，这些关系必须借助于创设各种法律权利来加以调整。一块土地，虽然物质载体只有一个，但其上的权利可以有多项，这是土地这种财产的特性。

土地制度是随着历史的不断发展而演进的。原始社会的土地制度是一种土地公有制，在原始社会，人人平等，所有的氏族成员都平均享有土地。奴隶社会的土地制度是土地国有制，全部土地归国王一人所有，“普天之下，莫非王土”。奴隶制时期的国王把土地封赏给王族、功臣、先代贵族和边远地区的少数民族首领，由他们成立诸侯国。封建社会的土地制度则是土地私有制，土地归地主所有，地主再把土地租给农民，由农民定期向地主交纳一定数额的地租。

当今世界各国的土地所有制状况都是历史演变的结果。有的国家是从封建的土地制度经过长期演进，形成了当前的土地所有制；有的国家则是在进行不彻底的土地改革，保存较多封建土地制度的条件下，形成了现在的土地所有制；有的国家是采用革命的手段，进行了彻底的土地改革或实行土地国有化，形成了现在的土地所有制。土地所有制是土地制度的核心，是土地政策的出发点。在法律体系中，有关土地所有制的法律已成为不可缺少的重要法律。纵观各国土地所有制的法律规定，土地所有权制度发展到今天，历经了漫长而复杂的演变过程，在不同的时期、不同的国家和不同的社会制度条件下，土地所有权的类型也是多种多样的。当今世界主要存在两大社会制度，即社会主义制度和资本主义制度，反映在土地所有权制度上，在社会主义国家实行的是完全的土地公有制，而资本主义国家土地所有制的主流是土地的私有制。

当今世界上的土地使用制度大体可划分为两种基本类型：公有制土地使用制度和私有制土地使用制度。在私有制国家中，大部分土地为私人所有，小部分土地归国家所有，实行土地私有制的国家，以美、法、德、日等国为代表。这些国家规定，私人所有的土地，只要符合国家法律规定，都可以自由买卖、出租、抵押，法律一般不做限制性规定。美国把土地的权属分为三部分，即地面部分、地面延伸上空一定距离和空间以及地表以下部分，这三个部分可以分别为人所利用、占有或转让。日本国土总面积为37.78万平方千米，仅占世界总面积的0.3%，其中65%属私人拥有。在日本，土地是完全可以自由买卖或租赁的，但由于人口众多，国土狭小，法律虽然规定土地的自由买卖、出租和抵押，政府还是根据不同情况采取相应的管理措施。如为抑制地价急剧上升，为保持经济和物价的稳定，日本政府于1974年颁布了《国土利用计划法》，并在这一法律中规定了土地交易许可制和土地交易申请劝告制，即凡买卖成片土地的，要向都、道、府、县知事申报其预定价格和利用目的等事项，如果政府知事认为不妥，有权劝告其停止交易。地方政府长官为控制范围比较广泛的投机性土地买卖或地价猛涨，有权指定管制地区对区内一切土地买卖实行许可制。此外，政府有关部门还采取提高土地收益税率和土地买卖贷款利率等经济手段，以抑制土地投机买卖和地价飞涨。政府兴办公共事业需要征用私有土地时，则需买卖双方就土地征购及赔偿等问题协商一致。在私有制国家中，实行土地国有制的国家有英国、新加坡等。在这些国家，一般情况下，土地所有权与使用权可以分离，其转让也是有偿的，法律一般不做限制性规定。英国的全部土地在法律上归英国国王(国家)所有，个人、企业和各种机构仅拥有土地使用权。在英国法律中，土地使用者被称为土地持有人或租借人。一切土地的转让，也只是使用权的转让，这种转让只要不违反法律和规划条例，都可以自由进行。新加坡的土地法律制度也颇具特色，新加坡土地以国有为主，土地面积仅有618平方千米，除部分历史遗留的私人永业权归私人所有(仅为22%)外，其余78%的土地所有权属于政府。政府采用拍卖、招标、有价划拨和临时出租等方式，将土地使用权在一定期限内出让给使用者，使用者在有效使用期内可以出租，也可以再出售。使用期满，政府即收回土地，地上建筑物也无偿收归政府所有。政府在土地使用权转让中，除收取一次性地价外，还规定须征收有关税费。

在以公有制经济为主的国家中，土地一般归国家所有。《中华人民共和国宪法》第10条规定：城市的土地属于国家所有，农村和城市郊区的土地，除由法律规定属于国家所有的以外，属于集体所有；宅基地和自留地、自留山，也属于集体所有。

(二)国外土地使用制度的特征

从以上各国关于土地使用制度的法律规定中可以看出，国外土地使用制度的特征如下：

(1)当今世界上土地使用制度的类型大致有三种：一是建立在土地公有制基础上的非市场模式，法律规定土地属于国家所有，使用土地一律由国家统一安排，如社会主义国家；二是以土地私有制为基础的完全市场模式，法律规定土地属于私人所有，允许私人自由买卖，价格由供求关系决定，如美国、德国、日本等；三是资本主义的特殊情况，是由国家控制的市场模式，法律规定土地属于国王(国家)所有，使用土地通过批租获得，国家控制土地市场并获得大量批租收入，一切土地的转让，只是使用权的转让，如英国及英联邦国家。

(2)国外大多数国家和地区均实行土地有偿使用制度，并将转让土地使用权所得作为政府取得财政收入的重要支柱。如美国、法国、德国、日本、英国、新加坡等国，均由法律规定土地的所有权与使用权可以分离，其转让也是有偿的。

二、我国的土地使用制度

(一)我国土地使用制度的历史沿革

我国的土地使用制度是一种国家垄断城镇土地一级市场，实行国有土地使用权有偿有期限出让的制度。

我国的土地所有权制度具有鲜明的中国特色，《中华人民共和国宪法》(简称《宪法》)明确规定："中华人民共和国的社会主义经济制度的基础是生产资料的社会主义公有制，即全民所有制和劳动群众集体所有制。"《土地管理法》第 2 条规定，中华人民共和国实行土地的社会主义公有制，即全民所有制和劳动群众集体所有制。2004 年 8 月 28 日修订后的《土地管理法》第 8 条也延续了《宪法》对于国有土地的上述界定，表述为："城市市区的土地属于国家所有。农村和城市郊区的土地，除由法律规定属于国家所有的以外，属于农民集体所有。"这意味着我国只存在两种土地所有权制度，即国家土地所有权和集体土地所有权。商品经济的发展要求建立与之相适应的土地使用制度，土地使用权作为一种特殊商品，通过进入土地市场，最终参与市场流通，是市场经济的客观要求。法国学者狄骥曾言："土地所有权并非为土地所有人之利益而存在，仅为增进人类之共同需要而赋予保有土地者之社会机能而已。"建立完善的土地法律制度的根本宗旨，是保护土地资源，并对其进行有效利用。在当今世界，不论社会主义国家还是资本主义国家，各国的土地所有制度相对而言是较为稳定的，一般不会有太明显的变化，人们普遍关心的是土地的使用制度。土地使用权作为土地权利的重要内容，是指公民、法人依法控制、支配国家所有的土地及其收益，并排斥第三人干涉的权利。在土地使用制度中，至关重要的问题是土地的占有权、使用权和管理权的制度设置及运行效果是否与经济发展、社会福利的要求相一致。

在保持社会主义土地公有制的前提下，将土地使用权从土地所有权中分离出来，是我国土地使用制度的一项重要改革。为此，国家先后制定了一系列的法律、法规。1988 年 4 月七届全国人大第一次会议对《宪法》做出适当修改，规定土地的使用权可以依法转让。1988 年 12 月，全国人大对《土地管理法》做了修订，明确规定国家依法实行国有土地有偿使用制度。国务院也先后颁布了《城镇国有土地使用权出让和转让暂行条例》《外商投资开发经营成片土地暂行管理办法》(现已废止)《土地增值税暂行条例》等。除此之外，一些省、市、县也颁布了土地使用权有偿出让转让条例、办法、规定等。从此，土地有偿使用制度在我国有了法律保障。

党的十四届三中全会通过的《关于建立社会主义市场经济体制若干问题的决定》，其中指出国家垄断城镇土地一级市场，实行土地使用权有偿有期限出让制度。土地使用权出让是指国家以土地所有者的身份，将土地使用权在一定年限内让与土地使用者，并由土地使用者向国家支付土地使用权出让金。土地使用权的出让可以采用拍卖、招标或双方协议的方式。出让时应由市、县人民政府土地管理部门与使用者签订土地使用权出让合同，土地使用权的出让为土地的一级市场。依法取得国有土地使用权的土地使用者，其合法权益受国家法律保护，土地使用者可以在规定的使用年限内转让、出租、抵押其使用权。土地使用权转让是指土地使用者将土地使用权再转移的行为，包括出售、交换、赠与三种形式。转让使用权应签订转让合同，并且土地使用权出让合同和登记中所载明的权利、义务随之转移。土地使用权出租是指土地使用者作为出租人将土地使用权随同地上建筑物、其他附着物租赁给承租人使用，由承租人向出租人交付租金。土地使用权抵押是指土地使用者向债权人提供土地使用权作为清偿债务的担保而不转移土地占有的法律行为。土地使用权抵押时，其地上建筑物、其他附着物也同时抵押。出租、抵押土地使用权，应当签订合同，并不得违背法律、法规的规定。划拨土地使用权是指土地使用者通过各种方式依法无偿取得的土地使用权。划拨土地使用权一般不得转让、出租、抵押。

(二)我国土地使用制度的法律特征

1. 国家所有

我国实行土地公有制。按我国现行法律、法规的规定，可以有偿出让的土地使用权只能是国有土地的使用权，国家是出让国有土地使用权的唯一主体。

2. 兼顾土地所有者和土地使用者的利益

我国旧的土地使用制度不利于维护国家对土地资源的有效利用和合理配置。

为适应社会主义市场经济客观规律的需要，我国于20世纪90年代正式确立了国有土地有偿使用制度，结束了国有土地使用无偿的状况，建立了规范的土地市场。这种变革起到明确土地所有者和使用者之间经济关系的作用，使国家所有的土地使用制度在经济上得到了实现。

3. 国家综合管理

对于土地使用，国家有权监督、管理，并通过经济、法律、行政等综合手段统一管理土地，调节土地的使用结构，优化土地资源的合理配置，缓和土地供需矛盾，通过平均利润率合理分配社会劳动，促使各行业在生产和建设中都能得到合乎客观比例要求的发展。

第二节　土地使用权划拨

一、土地使用权划拨概述

(一)土地使用权划拨的界定

在我国，国有土地使用权的取得分为无偿和有偿两种方式，无偿取得即通过土地使用权划拨方式取得。有偿取得即通过土地使用权出让方式取得。所谓土地使用权划拨，按照《城市房地产管理法》的规定，是指县级以上人民政府依法批准，在土地使用者缴纳补偿、安置等费用后将该幅土地交付其使用，或者将土地使用权无偿交付给土地使用者使用的行为。除《城市房地产管理法》之外，对土地使用权划拨做出规定的法律、法规还有1990年颁布的和2007年颁布的《物权法》。《城镇国有土地使用权出让和转让暂行条例》第43条规定："划拨土地使用权是指土地使用者通过各种方式依法无偿取得的土地使用权。"《物权法》第137条规定："设立建设用地使用权，可以采取出让或者划拨等方式。"该法同时要求："严格限制以划拨方式设立建设用地使用权。采取划拨方式的，应当遵守法律、行政法规关于土地用途的规定。"

土地使用权划拨具有以下特征：

1. 严格的条件限制

划拨土地使用权的取得具有严格的条件限制，并不是任何土地使用权都可通过划拨方式获得。通过划拨方式取得土地使用权的通常是国家机关、军队、人民团体以及由国家财政部门拨付经费的事业单位等。国家将国有土地使用权无偿划拨给上述单位使用，其目的是实现社会公益事业的需要，具有公益性。

2. 无偿性

土地使用权划拨是国家通过无偿方式把土地交给用地者使用，通常有两种做法：一是土地使用者先缴纳对原土地所有人或使用人的补偿、安置等费用后，国家将土地交付其使用；二是国家将国有土地使用权无偿交付给土地使用者，用地者无须支付对价。

3. 无期限性

划拨土地使用权没有年限限制。《城市房地产管理法》第23条第2款规定："以划拨方式取得土地使用权的，除法律、行政法规另有规定外，没有使用期限的限制。"

4. 交易的受限制性

划拨土地使用权是国家基于公益事业的考虑而设定的，所以划拨土地使用权是无偿且无期限限制的。既然出于公益目的，这种土地就不应进入市场进行交易。用地者所享有的物权是一种不完全物权，该物权源于所有权人的授予和让渡，缺乏所有权最核心的一项权能——处分权，由于用地者取得土地使用权时没有支付地价，如果用地者进行土地交易，必须将无偿变为有偿，也就是说，必须要缴纳土地使用权出让金再进入市场进行交易，或者交易后把相当于出让金的部分交给国家。

(二)土地使用权划拨与土地使用权出让的关系

土地使用权划拨与土地使用权出让既有相同之处，又有区别。两者的相同之处是客体相同，都是对国有土地使用权的让渡。两者的不同之处是：

1. 两者让渡的方式不同

土地使用权划拨是政府通过行政手段无偿把土地使用权让渡给用地者使用的行为。经县级以上人民政府依法批准，土地使用者须缴纳补偿、安置等费用后将国有土地使用权无偿交付给土地使用者使用，因此土地使用权划拨是一种无偿行为；而土地使用权出让是政府遵循等价有偿的原则按照市场方式将土地的使用权让渡给用地者，用地者需要给政府支付土地使用权出让金，因此土地使用权出让是有偿行为。

2. 两者的适用范围不同

关于土地使用权划拨的范围，法律有明确规定的，按法律规定办理，不能扩大范围。能适用土地使用权出让方式取得土地的，绝不能适用土地使用权划拨方式。

3. 两者的法律性质不同

土地使用权划拨是一种行政法律关系，地方政府明显处于行政主体的地位。政府允许用地者使用国有土地，用地者虽然可以使用土地，但无权处分行政划拨的土地使用权；而土地使用权出让则属于民事法律关系。

4. 在处分权的行使方面，两者有所区别

对于土地使用权出让来说，由于出让的土地使用权是独立于土地所有权的一种独立物权，因此，用地者可以对出让的土地使用权进行自由处分，如出租、转让、抵押等；对于土地使用权划拨而言，由于用地者取得的土地是无偿取得的，该权利不是一种独立物权，用地者不能随意对其进行处分。

(三)土地使用权划拨的适用范围

20世纪90年代以前，我国对建设用地一直采取的是国家计划调控措施，即通过无偿划拨方式将土地的使用权交给用地者使用。这种方式直接采用行政行为调控土地，有利于维护社会公共利益，还在一定程度上有利于提高行政效率。在国有土地使用制度改革后，土地使用权出让方式逐渐成为土地使用制度的主要方式，土地使用权划拨作为国有土地使用权让渡的一种补充手段，无偿划拨的国有土地的范围逐渐缩小，但完全取消也不可能，因此《土地管理法》第54条和《城市房地产管理法》第24条明确规定了土地使用权划拨的范围，规定下列建设用地，确属必要的，可以由县级以上人民政府依法批准划拨：

(1)国家机关用地。国家机关用地是指各级权力机关、行政机关、审判机关和检察机关用地。

(2)军事用地。军事用地是指军事设施所使用的城市土地，包括军事机关、军事工程和军用设施所占用的国有土地。

(3)城市基础设施用地。城市基础设施用地是指给排水、供电、通信、煤气、道路、桥涵、交通设施、环境保护、园林绿化、消防保安等设施用地。

(4)城市公益事业用地。城市公益事业用地是指城市内教育、文化和卫生等涉及公共利益的设施用地，如学校、医院、福利院、幼儿园、托儿所、养老院、图书馆、防疫站、体育场馆等用地。

(5)国家重点扶持的能源、交通、水利等项目用地。该项目用地是指国家采取各种优惠政策重点扶持的煤炭、石油、天然气、电力、铁路、港口、码头、机场、大型水库、水力发电工程等关系国计民生的能源、交通、水利等建设项目用地。

(6)法律、行政法规规定的其他用地。

(四)土地使用权划拨的程序

依照《土地管理法》及《土地管理法实施条例》的规定，土地使用权划拨的程序如下：

1. 申请

由建设用地单位持经有权机关批准的设计任务书或初步设计、年度基本建设计划等有关文件向拟划拨土地所在地县级以上人民政府土地管理部门提出建设用地申请。

2. 审核

由县级以上人民政府土地管理部门对建设用地申请进行审核，划定用地范围，如需要征收集体所有土地或使用其他单位正在使用的国有土地的，土地管理部门应组织建设用地单位与被征地单位及有关单位依法商定用地补偿、安置方案，报县级以上人民政府批准。

3. 批准

由县级以上地方人民政府土地管理部门按照法律规定的批准权限将审核后的建设用地申请和其他有关文件报县级以上人民政府批准。经批准后，由土地所在地的县级以上人民政府发给建设用地批准书。

4. 划拨

由建设用地所在地的县级以上地方人民政府土地管理部门根据批准用地文件所确定的用地面积和范围，根据建设进度，一次或分期划拨建设用地。

5. 登记

建设项目竣工后，建设项目主管部门组织有关部门验收，由县级以上人民政府土地管理部门核查实际用地，经认可并依法办理土地登记手续后，核发国有土地使用证，由此，建设单位取得了划拨土地使用权。

(五)划拨土地使用权的收回

划拨土地使用权的收回，是指政府根据划拨土地使用者不再使用土地的事实或者城市建设发展和城市规划的需要，将原划拨的土地收回的行为。也就是说，虽然划拨的土地使用权是无期限的，但用地者若出现了违反法律规定的情形，政府可以将土地使用权予以收回。

根据《城镇国有土地使用权有偿出让和转让暂行条例》第 47 条的规定："无偿取得划拨土地使用权的土地使用者，因迁移、解散、撤销、破产或者其他原因而停止使用土地的，市、县人民政府应当无偿收回其划拨土地使用权，并可依照本条例的规定予以出让。对划拨土地使用权，市、县人民政府根据城市建设发展需要和城市规划的要求，可以无偿收回，并可依照本条例的规定予以出让。无偿收回划拨土地使用权时，对其地上建筑物、其他附着物，市、县人民政府应当根据实际情况给予适当补偿。"而《土地管理法》第 58 条规定："有下列情形之一的，由有关人民政府土地行政主管部门报经原批准用地的人民政府或者有批准权的人民政府批准，可以收回国有土地使用权：(一)为公共利益需要使用土地的；(二)为实施城市规划进行旧城区改建，需要调整使用土地的；(三)土地出让等有偿使用合同约定的使用期限届满，土地使用者未申请续期或者申请续期未获批准的；(四)因单位撤销、迁移等原因，停止使用划拨的国有土地的；(五)公路、铁路、机场、矿场等经核准报废的。"为公共利益需要使用土地的和为实施城市规划进行旧城区改建，需要调整使用土地的规定而收回国有土地使用权的，对土地使用权人应当给予适当补偿。

可以看出，对划拨土地使用权收回的规定，这两部法律、法规规定得不尽一致，依《城镇国有土地使用权有偿出让和转让暂行条例》的规定，划拨土地使用权因两种情况(其中之一即是根据城市建设发展需要和城市规划的要求)而收回是无偿收回，只是针对收回的土地之上的建筑物和其他附着物给予适当的补偿。而《土地管理法》针对为实施城市规划进行旧城区改建，需要调整使用土地而收回国有土地使用权，具有补偿性质，对土地使用权人应当给予适当补偿。这反映出对收回土地使用权的态度上，两法规是不一样的。由于《城镇国有土地使用权有偿出让和转让暂行条例》是行政法规，而《土地管理法》是法律，法律的效力高于行政法规，应以《土地管理法》的规定为准。

从无偿收回到有偿收回，反映出人们对划拨土地使用权性质的认识是逐步变化的。划拨土地使用权是土地所有权与土地使用权相分离的产物，虽是一种不完全物权，但与出让土地使用权并无本质不同，两者都属于用益物权，同样属于财产权，在现实中土地使用权划拨通常有一种做法，是土地使用者先缴纳对原土地所有人或使用人的补偿、安置等费用后，国家再将土地交付其使用。该方式取得的土地使用权就不能说是无偿取得的，同时用地者取得划拨土地使用权后，在长期用地过程中也会对该土地进行各种投入，如人力、物力、财力等，会产生相应的收益，用地者对其投入及收益应拥有相应的财产权。

因此，城市规划进行旧城区改建，需要调整使用土地而收回国有土地使用权对原土地使用权人给予补偿的规定，这反映出理论界和实务界也日益将划拨土地使用权当作一种财产权利来对待。

二、土地使用权划拨制度的反思及完善

(一)土地使用权划拨制度存废之争

随着我国土地有偿使用制度的建立，学界很多人对划拨土地使用权的看法有不同认识，主要有两种观点：一种观点为赞成论，认为划拨土地使用权有其存在的合理性，不应取消；另一种观点为否认论，认为划拨土地使用权已完成其历史使命，到了退出历史舞台的时候，中国土地使用权制度应全部市场化，双轨制并单轨制。否认论者认为划拨土地使用权是我国计划经济时期遗留的产物，我国由于长期实行高度集中的计划经济体制，土地的所有权与使用权不分离，对土地采取划拨方式进行无偿分配，导致目前存在大量的划拨土地。划拨土地使用制度的特点是“三无”，即土地无偿、无期限使用和无流转非市场化运作，其实质是政府全方位干预经济生活，分配社会资源，其结果是造成土地资源不能实现其应有价值。

笔者认为划拨土地使用权有其存在的合理性，不能简单地将之取消，因为划拨土地使用权不仅是我国才有的做法，世界发达国家和地区为发展公共事业，都有相应的无偿划拨方式来保障。新加坡有类似于我国划拨国有土地使用权制度，其名为“国有土地割让”，割让土地是新加坡政府为发展公共、公益事业需要使用国有土地，采取分配划拨的办法提供土地的做法。在我国香港地区，对公用事业、学校、医院、慈善机构、教堂、庙宇、行政机关用地，一般也都采取无偿划拨的方式。对于那些经济效益不十分突出而政府决定支持发展的行业与企业，也可以申请免交地价或低于市价的官方优惠价供地。土地使用权的无偿划拨可以实现特定的社会公共利益。我国实行的是社会主义公有制，土地使用权的划拨就是坚持在土地公有制的基础上，把土地作为一项重要的社会公共资源，将其无偿交给用地者使用，以实现国家或社会公共性目的，这是国家作为土地所有人行使土地所有权的使用权能的具体体现。

(二)“双轨制”用地存在的问题

我国现在采取的土地使用制度是行政划拨制度和有偿出让制度并存的“双轨制”用地制度，这种状况是由于历史原因而形成的。划拨土地仍然由原用地者继续使用，加上国家建设用地不可能都采取有偿使用方式，于是，我国目前的土地使用制度便形成了双轨制。土地使用权划拨有其存在的合理性，但是无偿取得用地的方式，在实践中也已显现出很多弊病：

1. 在用地者之间形成大量不平等竞争现象

我国土地市场是由国家出让土地的一级市场和土地在不同使用者之间转让、出租、抵押的二级市场共同构成的。土地要有偿使用，必须发挥市场机制的作用，重要的是要让土地作为一种特殊商品进入市场进行流通，这样，土地价值才能真正得到实现，其结果是要求土地使用权通过有偿方式取得。我国长期以来的“双轨制”用地制度形成大量不平等竞争现象：资格条件完全相同的土地使用者，若以划拨方式取得土地使用权，无须向国家支付土地使用权出让金，使用权是永久的；而以有偿出让方式取得土地使用权，使用期则有年限限制。所有的非公益的土地使用都应当承担相同的土地成本，只有取消某些单位用地的特权，让土地出让价格由市场来调节，才能真正实现公平。例如，某些事业单位用划拨土地进行住宅建设，但做的是营利性或半营利性的项目，这对拿出让土地进行住宅建设的其他经济主体就不公平。

2. 造成国有土地收益大量流失

在我国土地使用权制度改革之前，划拨土地使用权基本上不受土地使用目的的限制，不管是基于社会公共利益，还是商业营利，用地者都可以从国家手里通过划拨方式无偿取得土地。《城镇国有土地使用权出让和转让暂行条例》对原行政划拨土地的使用权如何进入市场的问题做了明确规定，即土地使用者必须依法与土地管理部门补办出让手续，签订出让合同，并补交出让金后，土地使用权才能转让、出租和抵押。在转让、抵押时，必须到原办理出让手续的土地管理部门办理必要的登记手续。《城市房地产管理法》也规定了两种处理方法：一是经批准后办理土地使用权出让手续，缴纳土地使用权出让金；二是经批准后可以不办理土地使用权出让手续，但转让房地产收益中的土地收益应上缴国家或做其他处理。虽然以上两方法均对原划拨土地使用权入市问题做出明确规定，但是许多行政划拨的土地自发进入市场，有的房地产开发公司未补交土地使用权出让金就私下与外商进行交易；有些人利用无偿划拨的土地进行投机，牟取暴利，致使有些外商无须付出多少代价就能获得土地使用权，从事房地产开发，造成了国有土地收益大量流失。

3. 导致土地资源利用率低

土地使用权划拨过程中，用地者所使用的土地，一经取得后，就可以无偿无期限使用，由此导致了用地者从自己私利角度出发，多圈地。又由于用地者没有科学的经营计划，造成许多建设项目占地过多，很多土地出现重复建设或者闲置的现象，土地利用效率低，使得国有土地资源被浪费，违反了物尽其用的效益原则。另外，由于划拨土地使用权是无偿取得，在批地过程中，违法违规现象严重。我国于 1998 年对《土地管理法》进行修订，对批地权限进行调整，批地权已逐步上收，虽有法律的明确规定，但某些地方政府无视法律的规定，越权批地的现象仍十分突出，横向多头批地、下放审批权等现象仍时有发生，造成土地供应总量失控，土地资源极大浪费，严重影响了国有土地所有权在经济上的实现。

(三)解决我国目前“双轨制”用地的法律措施

1. 原行政划拨的土地要专地专用

这是在市场经济条件下，为了照顾必须使用土地而又缺乏经济承受力的用地者所采取的办法，这类土地不许营利性使用，除非按《城镇国有土地使用权出让和转让暂行条例》和《城市房地产管理法》补办手续，否则将受法律处罚，并应收回土地。

2. 强化依法批地的法律意识，严格追究非法批地者的法律责任

为了增加土地出让的透明度，使国有土地所有者得到应得的税费，合理、科学地使用土地，使人们珍惜每一寸土地，将有限的土地合理地分配到各种用途、各个部门中去，最大限度地发挥土地的经济效益，必须坚决杜绝土地出让过程中违法违规的现象。对于越权批地行为的直接责任人员应坚决予以处罚，把土地有偿使用情况作为对政府官员进行考核的一项重要内容，凡是非法批地造成严重后果的，除可能招致罢免外，情况严重的还应受到刑事处罚。

3. 实行全面的土地有偿使用制度，彻底改革“双轨制”用地现象

全面推行土地有偿使用是解决土地双轨制的一项根本途径，土地资源配置的最终目标是取消土地供应双轨制，提高土地供应和调控能力。在我国社会主义房地产市场机制逐步完善时，按照资源市场配置的基本原则，缩小划拨地范围，扩大有偿使用覆盖面，最终取消土地供应双轨制。按照国土资源部最新说法，除军事、保障性住房、特殊用地可以继续划拨使用外，其他用地实行有偿使用。那么，以后政府行政办公用地，能源、电力等行业用地，学校、医院、博物馆等使用土地也要通过招拍挂形式有偿出让。实行土地完全有偿出让，把土地使用权商品化，并推向市场，最终取消无偿划拨土地方式，建立起有偿出让的土地使用制度，使之与国际惯例和通行做法相接轨。

第三节　土地使用权出让

一、土地使用权出让概述

(一)土地使用权出让的界定

1988 年 4 月 12 日，七届全国人大第一次会议通过宪法修正案，将原《宪法》中禁止土地“出租”的条款删除，中华人民共和国成立后延续近 40 年的土地不可流转的规定从此发生改变。1990 年 5 月 17 日，国务院颁布了《城镇国有土地使用权出让和转让暂行条例》，土地有偿使用制度开始成为中国经济发展中重要的用地方式。根据《城镇土地使用权出让和转让暂行条例》和《城市房地产管理法》的有关规定，土地使用权出让是指国家将国有土地使用权在一定年限内出让给土地使用者，由土地使用者向国家支付土地使用权出让金的行为。在我国，土地使用权出让制度的创设，实现了国有土地有偿使用，这是我国土地使用制度中的重大改革。在我国，土地使用权出让是一种设权行为，即出让制度创设了土地用益物权。

(二)土地使用权出让的特征

1. 有偿性

我国在国有土地所有权与使用权分离的前提下，国有土地使用权已经像其他商品一样可以进入市场流通，具有保值与增值性，国家与受让人签订土地使用权出让合同，将土地使用权出让给受让者开发经营，土地使用权受让人支付土地使用权出让金。

2. 有期限性

土地使用权出让是一种有期限流转土地使用权的方式。国家通过出让方式把土地使用权让渡给用地者，是有年限限制的，根据《城镇土地使用权出让和转让暂行条例》第 12 条的规定："土地使用权出让最高年限按下列用途确定：(一)居住用地 70 年；(二)工业用地 50 年；(三)教育、科技、文化、卫生、体育用地 50 年；(四)商业、旅游、娱乐用地 40 年；(五)综合或其他用地 50 年。"

3. 出让主体的特定性

在土地使用权出让法律关系中，存在着两方主体：出让方和受让方。出让方具有特定性，指的是国家，在具体操作中，由地方人民政府的土地管理部门代表国家行使出让权；另一方则是土地使用权受让方，该方主体是不特定的，主要指中华人民共和国境内外的公司、企业、其他组织和个人。

二、土地使用权出让的方式

土地使用权出让方式是指国有土地的产权代表(地方人民政府)以法定形式和方式将国有土地使用权出让给土地使用者。《城镇国有土地使用权出让和转让暂行条例》第 13 条规定，土地使用权出让可以采取下列方式：协议、招标、拍卖。《城市房地产管理法》第 13 条规定，土地使用权出让，可以采取拍卖、招标或者双方协议的方式。2002 年 4 月 3 日国土资源部第 4 次部务会议通过的《招标拍卖挂牌出让国有土地使用权规定》第 4 条第 1 款规定："商业、旅游、娱乐和商品住宅等各类经营性用地，必须以招标、拍卖或者挂牌方式出让。"国土资源部于 2003 年 6 月 11 日发布了《协议出让国有土地使用权规定》，该规定于 2003 年 8 月 1 日起正式施行，这是我国第一次以部门规章的形式对协议出让国有土地方式进行的规范。从这些法律、法规中可以看出，我国现行的国有土地使用权出让共有四种方式，即协议、招标、拍卖、挂牌。

(一)协议出让方式

协议出让方式是指地方政府作为出让人根据出让土地的性质、功能和开发利用的特点，与选定的受让人协商用地价款和条件，并由双方达成协议的一种出让方式。随着土地有偿使用制度改革的实行，土地无偿、无期限、无流转(简称"三无")的使用制度逐渐转变成土地有偿、有期限、可流通的市场化(简称"三有")使用制度。国有土地有偿使用制度的确立，是土地作为一种特殊商品本质属性的反映，用地者通过支付相应的对价换取土地使用权，是商品经济原则的具体体现。同时，土地有偿使用制度还反映了国家作为国有土地的所有权人，其对土地的价值判断发生了根本转变，开始关注土地资源的保值和增值。协议出让就是土地有偿使用的主要方式之一。

协议出让方式的特点是地方政府直接与用地者就用地事宜进行协商，没有任何第三方介入，该方式具有简便易行、灵活方便的特点，一般用于市政工程、公益事业、非营利单位用地。但该方式的缺点也是显而易见的，该种用地方式由于没有引入竞争机制，不容易实现公平竞争，且其程序缺乏公开透明性，容易形成权钱交易和暗箱操作，滋生以权谋私等腐败现象。对于地方政府来说，协议出让方式最能体现出政府的行政权力，甚至可以说最能体现行政官员的意志。该方式既无固定程序，过程也不公开透明，负责协议出让的行政官员在具体操作过程中较其他出让方式可以更为便利地利用手中的权力，其结果是以牺牲国家和社会的利益来获得个人利益，造成大量的土地资源严重流失；对于土地使用者来说，以支付较低的对价而无须通过竞争方式取得国有土地使用权，又何乐而不为呢？以这种方式获得土地使用权，其结果导致了土地使用权出让金偏低，损害了国家的利益。此外，更深层的危害性在于——土地作为稀缺资源，其应有的价值得不到体现。

关于协议出让方式必须严加规范，具体的措施如下：

(1)严格限制协议出让的范围，一般只用于市政工程、公益事业、非营利单位用地。经营性、营利性项目用地一律以招标、拍卖或者挂牌的方式出让。深圳早在 1987 年就开始了以拍卖形式出让土地使用权，但是由于种种原因，深圳以协议转让、招标、拍卖三种形式出让土地使用权。根据《深圳经济特区土地使用权出让条例》和《深圳经济特区土地使用权招标、拍卖规定》，协议出让土地使用权仅限于以下范围：工业用地；市、区政府建设的社会微利商品房用地和全成本微利商品房用地；市、区财政全额投资的机关、文化、教育、卫生、体育、科研和市政设施用地等公益性、非营利性用地；军事用地。目前，经市政府批准，只有属特区急需或特别鼓励发展的项目用地或市政府以土地入股合作的项目用地才可以采取协议方式出让土地使用权。

(2)地价一律以市场地价计收。协议出让土地，必须按公告的市场价格出让。同时，协议出让土地使用权应以公告的土地市场价格为基准，取消协议地价。关于这一点，深圳的做法值得借鉴，深圳市规定协议的地价一律以市场地价计收。市场地价由深圳市国土规划局根据土地等级、用途、年地租及房地产市场变化等因素组织评估后会同市物价局公布。对此，《协议出让国有土地使用权规定》也进行了严格的规范，如该规定第 4 条规定："以协议方式出让国有土地使用权的出让金不得低于按国家规定所确定的最低价。"第 5 条规定："协议出让最低价不得低于新增建设用地的土地有偿使用费、征地(拆迁)补偿费用以及按照国家规定应当缴纳的有关税费之和有基准地价的地区，协议出让最低价不得低于出让地块所在级别基准地价的 70%。低于最低价时国有土地使用权不得出让。"限定最低价格的方式，可以较有效地避免土地批租中的寻租行为，避免国有资产的严重流失。

协议出让的程序主要包括以下几个环节：编制并公布出让计划；接受意向用地者申请；确定出让方式；编制出让方案；确定出让底价；协议出让价格并签订

土地使用权出让合同；公布出让结果。

(二)招标出让方式

招标出让国有土地使用权，是指市、县人民政府土地行政主管部门(出让人)发布招标公告，邀请特定或者不特定的公民、法人或其他组织参加国有土地使用权出让投标，根据投标结果确定土地使用者的行为。该出让方式的特点是：第一，标底和标价在开标之前都是保密的；投标人不知道招标人的标底，也不知道其他投标人的标价。第二，投标人只有一次投标的机会，投标人制作标书，在招标人规定的截止期限前将标书投入指定标箱。第三，通过招标方式确定的中标人，不是出价最高的投标者，而是综合实力较强的投标者。招标出让方式引入了竞争机制，适用于需要进行优先土地布局、重大工程的较大地块的出让。

根据《招标拍卖挂牌出让国有土地使用权规定》第 13 条的规定，招标出让方式的程序是：

(1)投标人在投标截止时间之前将标书投入标箱。招标公告允许邮寄标书的，投标人可以邮寄，但出让人在投标截止时间之前收到的方为有效；标书投入标箱后，不可撤回。投标人应对标书和有关书面承诺承担责任。

(2)出让人按照招标公告规定的时间、地点开标，邀请所有投标人参加。由投标人或者其推选的代表检查标箱的密封情况，当众开启标箱，宣布投标人名称、投标价格和投标文件的主要内容。投标人少于 3 人的，出让人应当依照本规定重新招标。

(3)评标小组进行评标。评标小组由出让人代表、有关专家组成，成员人数为 5 人以上的单数。

评标小组可以要求投标人对投标文件做出必要的澄清或者说明，但是澄清或者说明不得超出投标文件的范围或者改变投标文件的实质性内容。

评标小组应当按照招标文件确定的评标标准和方法，对投标文件进行评审。

(4)招标人根据评标结果，确定中标人。

(三)拍卖出让方式

拍卖出让国有土地使用权，是指出让人发布拍卖公告，由竞买人在指定时间、地点进行公开竞价，根据出价结果确定土地使用者的行为。该出让方式的特点是：第一，该方式充分引入了竞争机制，是出卖商品的最具市场化的操作方式，该方式排除了出让土地的任何主观因素，并能使土地出让价格较好地反映出该地块的市场供求关系，同时地方政府也可获得较高土地收益，获取较多的财政收入；第二，拍卖全过程都是公开的，出卖人发出拍卖公告，竞买人公开竞买；第三，竞买人有无数的报价机会，只要有足够的实力，就可以一直喊价，最后由出价最高的竞买人获得出让的土地使用权。拍卖出让方式适用于投资环境好、盈利空间大、竞争性强的商业、金融业、旅游业和娱乐用地，特别是大中城市的区位条件好、交通便利的闹市区地块的出让。

拍卖出让土地使用权的一般程序是：

(1)土地使用权出让方事先通过新闻媒介发出土地使用权公开拍卖公告。

(2)参加竞投者在拍卖前3日内到拍卖方处缴纳竞拍保证金并领取有统一编号的应价牌。使用自制应价牌者，竞投行为无效。

(3)现场竞拍。

(4)出价最高者作为受让人即时与出让人签订土地使用权出让合同，并按有关规定当即支付履行定金。

(四)挂牌出让方式

挂牌出让国有土地使用权，是指出让人发布挂牌公告，按公告规定的期限将拟出让土地的交易条件在指定的土地交易场所挂牌公布，接受竞买人的报价申请并更新挂牌价格，根据挂牌期限截止时的出价结果确定土地使用权受让者的行为。

挂牌出让是广东、重庆和江苏等地在实践中创造出来的一种新型的出让土地使用权模式，该种出让方式结合了招标、拍卖和协议方式的长处，引入了竞争机制，并且具有公开、公平、公正的优点。该出让方式的特点是：第一，挂牌时间长，而且允许竞买人有多次报价的机会，有利于竞买人理性决策和竞争。《招标拍卖挂牌出让国有土地使用权规定》第18条规定："挂牌时间不得少于10个工作日。挂牌期间可根据竞买人竞价情况调整增价幅度。"第二，操作简便，节省成本，省去了拍卖程序中请拍卖师、租拍卖场地等费用。第三，挂牌同样遵循"价高者得"的原则，不同之处在于挂牌不是现场报价，而是以书面的形式报价。《招标拍卖挂牌出让国有土地使用权规定》第19条规定，在挂牌期限截止时仍有两个或者两个以上的竞买人要求报价的，出让人应当对挂牌宗地进行现场竞价，出价最高者为竞得人。挂牌出让非常适合于当前我国土地市场现状。

挂牌出让方式依照以下程序进行：

(1)在挂牌公告规定的挂牌起始日，出让人将挂牌宗地的位置、面积、用途、使用年限、规划要求、起始价、增价规则及增价幅度等，在挂牌公告规定的土地交易场所挂牌公布。

(2)符合条件的竞买人填写报价单报价。

(3)出让人确认该报价后，更新显示挂牌价格。

(4)出让人继续接受新的报价。

(5)出让人在挂牌公告规定的挂牌截止时间确定竞得人。

(6)竞得人与出让人签订土地使用权出让合同。

众所周知，招标投标和拍卖都是引入了竞争机制的交易方式，但是两者的交易方式是截然相反的，拍卖是卖东西所用的引入竞争机制的方式，这种方式是一个出卖人出卖拍品、无数个竞买人竞价购买，该方式可以实现价高者得的目的，最大限度地实现所卖商品的价值；而招标投标方式是买东西所适用的引入竞争机制的一种方法，这种方式是一个买方想购买商品或服务，由其招标，无数个出卖人想出卖商品或服务，由其投标，再通过开标、评标，最终确定最优出卖方，通过该方式可以实现购买人买到物美价廉的商品或服务的目的。而国有土地使用权出让，实际上是地方政府作为出卖人将土地使用权卖给用地者的行为。卖土地理当采用拍卖方式，采用招标投标方式实在令人费解，这也与通行的国际惯例不符。因此，笔者建议，在国有土地使用权出让方式中应取消招标出让方式。在上述的各种出让方式中，拍卖是最好的一种方式，因为其最符合市场化运作的理念，但该方式也有其不足之处，就是程序费时费力、成本较大，而挂牌出让则可避免该问题。挂牌方式比较灵活简捷，且节省成本，可以说是简化版的拍卖方式。因此，笔者建议除法律、法规规定应采用协议方式出让外，各地对于其他土地使用权的出让应结合当地的实际情况采用拍卖或挂牌方式进行。

三、土地使用权出让的法律性质

国家作为土地所有者，与用地者之间明确如何让渡土地使用权，如何约定各自的权利和义务的具体内容，可以为土地使用权的转让、出租、抵押等经营行为和土地使用权作为商品进入流通领域提供前提和基础。因此，准确界定土地使用权出让行为的法律性质具有重要意义，直接影响土地出让制度的建构问题。但是目前我国理论界对出让行为的性质的观点却长时间对立，难趋一致。

(一)关于土地使用权出让行为法律性质的几种学说

我国自实行土地有偿使用制度以来，学界对土地使用权出让行为的法律定性便形成了几种观点和学说，主要有行政行为说和民事法律行为说。

(1)行政行为说。该学说认为土地使用权出让行为的性质是行政行为，具体理由如下：

第一，土地使用权出让法律关系的主体一方为出让方，即国家(具体由代表国家的国土资源管理部门行使国有土地的出让的权利)，另一方为土地使用者，国土资源管理部门行使的是对土地的管理职能，其对出让行为有着严格的审查和管理程序。出让土地使用权应当首先符合土地利用的总体规划，而且由政府统一领导。用地者必须严格服从国家的用地管理计划，否则将承担相应的法律责任。国家作为土地使用权的出让方完全垄断了土地的一级市场，通过出让土地使用权，最终实现国家对土地的管理权能，以达到干预经济的目的。

第二，在土地使用权出让中，出让方与土地使用者实际上存在着管理与被管理的行政关系，这种关系主要体现了国家对土地利用的单方意思表示。对受让方而言，土地出让问题却没有多少协商余地。因此，土地使用权出让合同的性质是行政合同。行政合同是指行政主体为了实现行政管理目标，与相对人之间经过协商一致所达成的协议。因为合同的一方是代表公共利益的行政机关，其运用行政合同实现行政管理和公共利益，在行政合同的权利义务配置方面，行政机关保留了某些特殊权力，这些特殊权力主要是监督和指导合同的实际实行情况，具有单方变更合同的权力，认为对方违法并给予制裁，而土地使用权出让合同正是具有此种性质，因此属于行政合同。

(2)民事行为说。该学说认为在土地使用权出让合同中，国家作为土地的出让方并不是以行政权主体的身份出现，而是以土地所有者的身份与受让人签订合同，其实质上是特殊的民事主体，其国家与土地使用权受让人是法律地位完全平等的双方当事人，所以土地使用权出让合同是平等主体之间所签订的关于财产出让的合同，国家不能表现出其对土地受让方的优越地位，合同内容必须是双方真实意愿的表达。此种合同从民法的角度来看，属于双务、有偿、要式的合同。因此，无论从形式还是实质看，土地使用权出让都是一种民事法律行为。

(二)土地使用权出让应是一种民事行为

行政行为说认为国家不论以何种身份出现，其实质都是行使公权力的观点，是一种过分强调公权力的优越地位的观念。该观点在计划经济之下是可以理解的，但现在是市场经济，还坚持该观点显然脱离了实际，在理论和实践方面都站不住脚。在土地使用权出让法律关系中，政府的身份定位就是土地所有权的代表，其与受让方均应为平等的合同主体，土地使用权的出让应是民事行为，双方应本着自愿、诚实信用、等价有偿原则签订合同，并以该合同为基础来确定双方的土地使用权出让法律关系。

(1)政府在土地使用权出让中的法律地位是民事主体身份。现实生活中，虽然政府有关部门是土地市场的唯一供给者，同时又兼具土地市场管理者的双重身份，但在土地使用权出让中，政府并不以管理者的身份出现，而是以“土地所有权人”的身份出现。作为土地所有者，出让方的法律地位与土地使用权受让人的法律地位完全平等。

我国关于土地使用权出让制度的法律规定主要有：1990 年的《城镇国有土地使用权出让和转让暂行条例》、1994 年的《城市房地产管理法》和 2007 年颁布的《物权法》。这些法律、法规都规定了土地使用权出让应当采取合同形式，并强调了政府在合同中的民事主体身份，以及双方签订合同时的平等自愿原则，这些规定均体现了土地使用权出让合同具有民事合同的典型性质。因此，土地使用权出让合同应该是一种民事合同，政府作为一方主体应是民事主体的身份。土地使用权出让是转移财产的行为，政府并不比公民、法人有更优越的地位。如果不坚持平等、自愿原则，就有可能损害公民、法人(土地使用者)的合法权益。

(2)土地使用权出让的目的是创设一种新的用益物权。20 世纪 90 年代以前，我国的土地流转方式是行政划拨方式，其特点是三无即无偿、无期限、无流通。这种方式并未将土地作为一种独立财产对待，而仅是作为一种资源由国家进行分配，这种流转方式不符合市场经济商品价值规律，不能充分实现土地资源利用效益的最大化。土地使用权出让的目的是避免产生以前采用划拨方式的弊端，使土地资源进入商品市场，并逐步形成土地使用权流转市场，使其作为一项特殊的商品进行流通。土地使用权出让并不是转移已经独立存在的一项物权，而是在创设一种物权，而且这项新的权利是从土地所有权中分离出来的。土地使用权出让的本质是用益物权的一种取得方式，土地使用权出让意味着国有土地的所有权与使用权相分离。国有土地的使用权作为一种独立的财产权是土地所有权的衍生，可以实行有偿使用，土地使用者通过支付相应的对价(土地使用权出让金)来获取国有土地使用权，这是土地的商品属性的内在和本质要求，表明了国家作为土地所有者的价值取向的根本转变，即开始追求土地这一商品的经济价值，关心土地资源的保值和增值，实现了土地使用权的价值和效益的最大化，这是市场经济原则的具体体现。国家作为国有(即全民所有)土地的所有权主体的代表，在土地使用权出让中以所有者而非公权者的身份出现。

四、土地使用权出让中存在的问题及解决路径

(一)土地使用权出让中存在的问题

1. 关于集体土地进入市场的问题

在我国，土地使用权出让制度既然是创设土地用益物权的一项制度，它对土地的利用及价值创造就有着重大意义。随着我国改革开放的不断深入，大量集体所有的土地以入股等方式被企业使用，当企业破产或参与收购兼并时，就涉及集体土地进入市场的问题。而我国法律上对此却无规定，尚属立法空白，这与发展社会主义市场经济，要求生产要素商品化和合理流动，以促进土地与其他生产要素的优化组合，提高土地利用率是不相适应的。我国《土地管理法》第 63 条规定："农民集体所有的土地的使用权不得出让、转让或者出租用于非农业建设"，所以，我国现行法律制度中的土地使用权出让仅指国有土地使用权的出让。当前，集体土地如何进入市场已是一个热点，也是深化土地使用制度改革的一个难点。从近几年各地区农村集体土地流转的情况看，集体土地的市场化行为主要有以下几种主张：第一种观点的理论依据是《宪法》和《土地管理法》的有关规定："农村和城市郊区的土地，除法律规定属于国家所有的以外，属于集体所有。"农村集体经济组织既然对集体所有的土地拥有所有权，就应当享有处置权。政府可以作为国有土

地的代表依法出让、转让国有的土地，集体土地所有者也应该享有直接处分自己所有土地的权力。第二种观点是实践中常用的观点，在法律上也有足够依据，即对于集体土地，由国家征收并对集体经济组织进行补偿，使集体所有的土地变为国有土地，再按照《城镇国有土地使用权出让和转让暂行条例》的规定进行有偿使用。但这种迂回做法，既浪费人力、物力，且时间周期长，不利于土地的及时开发、经营。另外，更重要的一点是，通过这种方式把集体土地征收为国家所有的土地进行出让时，农民已经享受不到任何土地入市的利益了，这对集体经济组织是不公平的。笔者认为上述第一种观点是可行的，至少有以下积极作用：第一，有利于加快土地使用制度改革的步伐；第二，有利于与国际土地使用制度惯例接轨；第三，有利于发展和完善农村土地市场体系，促进农村经济繁荣。

2. 土地使用权出让过度过量

土地使用权过度过量出让使得土地资源被过度开发利用，除了导致大量耕地被侵占，造成土地资源的极大滥用和浪费外，还导致了土地资源利用的代际不公问题，土地出让金实质上是一种租金，它是国有土地使用权40年、50年，乃至70年的地租之和。

(二)问题解决的路径

1. 解决集体土地进入市场的法律措施

(1)制定相应的法规。《宪法》《土地管理法》都规定国有土地和集体所有土地的使用权可以依法转让。近几年来，从中央到地方各级政府先后制定了一系列发展国有土地市场的政策、法规，有效地促进和保障了国有土地市场的健康发展。而对集体土地进入市场却未被提到立法议程。目前要尽快制定有关法规，明确规定集体土地可直接进入市场及进入市场的条件、面积和程序，以及违法的罚则，将集体土地进入市场行为真正纳入法制轨道，做到有法可依。

(2)明确集体土地所有权主体。在集体土地流转中，集体土地所有权主体问题是一个核心问题，它涉及集体土地资产利益的占有和分配问题。《宪法》和《土地管理法》都规定“农村和城市郊区的土地，除由法律规定属于国家所有的以外，属于集体所有”，这里所指的集体所有和村民集体所有，其主体是模糊不清的，以致会使产权所有人缺位，集体土地在入市交易后资金会大量流失，被个人非法摄取。因此，国家应尽快用法律形式确立村民委员会为集体土地资产的产权代表，以利于其行使权利，堵塞、减少土地收益的流失。

(3)建立完善的市场服务体系。从世界发达国家和地区的经验看，任何一个国家土地市场有序、规范的运行，都有健全的与之相配套的中介服务机构，以及完整的土地市场体系。因此，在规范和发展我国农村集体土地市场的过程中，也要逐步建立健全土地登记、勘探、测量、金融、评估、咨询、仲裁等中介服务机构，以适应整个土地市场合法有效运作的要求。

2. 解决土地使用权出让过度过量的措施

(1)土地使用权出让中的政府行为应有界限。土地出让中，地方政府是土地市场的唯一供给者，是土地市场的垄断者，由于缺乏有效监督，地方政府容易利用土地出让谋求自身利益。孟德斯鸠曾经指出，一切有权力的人，都容易滥用权力，一直到遇到有界限的地方才停止。现代法制社会中，无限政府向有限政府的转变是历史潮流，不可逆转。为了市场经济的良性运行和健康发展，必须对政府的权力依法进行制约。在土地使用权出让中，为解决地方政府过度过量出让土地使用权的行为，必须加强对政府出让土地使用权行为的监管。另外，政府必须依法行政，只能在法律规定的职权范围内活动，政府行为如果超出了法律的范围，必须受到法律的制裁，这样就能够从法律上对行政权力进行规范和约束，防止行政权力的滥用甚至异化。此外，政府的行政行为必须公开、透明，以接受社会的监督，这样有利于降低成本，减少政府决策失误，有利于市场信息的准确传播，提高经济活动的效率。

(2)改革财税体制，合理划分事权与财权。在现行的分税制财政体制下，地方政府依靠自身的财政收入以及上级政府的转移支付根本满足不了本级政府财政支出。由于主体税种中增值税和企业所得税为中央政府和地方政府共享税种，并且中央政府占有的比重较大，地方政府很难通过促进工商业的发展获得增值税和企业所得税收入来提高自己的财政收入，只有建筑业和房地产业所涉及的 10 多个税种收入才多数归地方政府所有。另外，1994 年以后，中央政府不再参与土地出让所得收益的分配，土地出让金收入作为地方政府固定的财政收入全部归属地方政府所有。在现行财政体制下，地方政府为了推动地方经济的发展，毫无疑问地会选择通过出让土地使用权获取预算外的土地出让金收入，并推动建筑业和房地产业的发展以获取属于地方政府的预算内税收收入，这就成了各级地方政府大规模出让土地使用权的根源。

解决该问题，应当通过法律或法规形式明确界定中央政府与地方政府的财政支出责任，构建起中央政府和地方政府事权划分的法律框架，对中央政府及地方政府的事权尽可能加以明晰，即使不能直接明确需要由中央政府和地方政府共同负担的领域，也要尽量细化，以便明确职权，减少交叉和重叠，从而建立起分工协作、科学合理的中央政府与地方政府基本公共服务支出责任分担机制。

全国人民代表大会及其常务委员会应该通过立法，将与土地有关的税费收入列入预算内管理，而不是像现在这样作为预算外收入管理。这样，可以监督地方政府每笔收入的使用情况，既能够防止不合理使用，也能够让地方政府更好地切实履行自己的职责。

第四章 房地产登记研究

随着社会的发展，房地产作为一种常见的交易对象，其权利的流转日益频繁，房地产权属关系越来越复杂，房地产权利的公示和交易的安全，在很大程度上影响着社会经济秩序和社会公共利益，并成为国家维护土地权利人合法权益、社会经济秩序以及对土地进行管理的一种重要的手段。完善的土地权属登记制度对于推行国家的土地政策、合理利用土地资源、保证房地产交易安全、维护土地权利人的合法权益以及土地税的征收，均具有十分重要的作用。

第一节 房地产登记概述

房地产登记制度，是世界各国通行的法律制度。虽然在不同的国家，登记制度的内容、范围，登记的程序、登记机关、效力等不尽相同，但对房地产实行登记制度，世界各国没有例外。

一、登记的分类与特征

登记是适应商品经济发展和财产利用关系日益复杂化的需要，为保护各种财产权利人的合法权利而发展起来的一种法律制度。对“登记”一词可以理解为一种行为，也可以理解为一种状态，并可以在多方面使用。现实生活中常见的有出生登记、结婚登记、企业设立登记、商标注册登记、财产登记、土地登记、房产登记等。

在各种登记中财产登记占有重要地位。财产登记可以按不同标准进行分类。首先，根据财产的特性，可将财产登记分为动产登记和不动产登记。前者包括价值较大的汽车、飞机、船舶等财产的登记；后者主要是指土地、房屋等不动产权利的登记。其次，根据财产登记对象的不同，可以将财产登记分为不动产所有权登记和他项权利登记，不动产所有权登记是为确认和保护所有权，而在所有权产生和变动时，对所有权的存在和变动状况所做的登记；他项权利登记通常是指所有权以外的其他财产权利的登记。最后，根据登记所要达到的目的不同，可将登记分为一般登记、异议登记和预告登记。一般登记通常是对已经存在的财产权利进行的登记，其目的是使申请人已经存在的权利得到确认，从而产生对抗第三人的效力。异议登记通常是在对一般登记发生异议时所进行的登记。为了防止错误登记，保护真正权利人的利益，有些国家建立了异议登记制度，允许对已经登记的财产提出异议。登记机关进行审查后，可以就其异议而在该项财产的登记中做出记载。预告登记是指在确定的财产权登记条件还不具备时，为了保全将来财产权变动能够顺利进行，而就与此相关的请求权进行的登记。进行此项登记的目的主要是确认某种请求权，以便未来条件具备时，通过行使请求权而获得预定的财产权。

房地产登记属于财产登记的一种，与其他登记制度相比，具有以下几个特征：

(一)房地产登记是由法定机构实施的一种登记

在国际上，房地产登记机关主要有两种：一是附属于法院系统的登记机关，如德国的不动产登记机关就是附属于地方法院系统的土地登记局，日本为法务局，瑞士的登记机关大多数为各州的地方法院；二是由国家设立的行政机关，如英国的土地登记局，美国的地政登记办公室(办理地政文件登记的政府机构)。但不论登记机关属于司法系统还是属于行政机构，其所从事登记活动的依据均是法律的明确规定，经法律授权而代表国家或政府来履行登记职责。

(二)房地产登记的直接目的是保护合法财产权、维护交易安全

由不动产的特性所决定，房地产的权利归属和权利状态，无法从其占有状态来判断，同一宗土地或同一处房地产上，可能同时存在多个权利或多种法律关系，客观上需要通过登记来确定有关权利人所享有的合法权益，并使其公开化，以防止动机不良者侵吞他人财产或实施欺诈行为，为房地产交易的安全提供保障，保护各种权利人的合法权益，维护正常的交易秩序。

(三)房地产登记的对象是法定的

作为登记对象的财产并非一切财产，而是由法律规定应该予以登记的财产。法律之所以规定其为登记对象，主要是因为这种财产本身的特殊性决定了登记的客观必要性。而对一般财产而言，权利人对财产的占有本身就足以向世人表明其合法权益的存在，无须通过登记来进行公示。

二、房地产登记的基本功能

在现代各国，财产登记的重要内容是房地产登记。房地产登记的核心内容是土地登记。土地登记分为权利登记和现状登记两种类型。土地权利登记是指对土地权利归属及其变更情况的登记。土地现状登记主要是为某种特定目的而对土地

现状进行描述和记载的活动，在实践中两种活动通常是同时进行的。房地产权属登记制度作为国家管理土地资源和房屋权属的一项重要措施，已成为房地产法律制度的重要组成部分，其功能主要体现在以下几个方面：

(一)权利确认和公示功能

对于一般财产而言，权利的归属或所有权关系可以通过占有来公示，人们可以通过财产的占有状况来判断财产的归属。由于土地利用关系复杂，同一块土地上可以存在多种权利，且土地所有权与使用权经常处于分离状态，所有权人的权利难以通过土地的占有状态来判断，客观上需要一种公示方法，来达到确认和界定土地权利的目的。通过登记将房地产权利的主体、客体、存在期限和消灭条件等记载于登记簿中，并公示于世，就可以在一定程度上增加房地产权利人对于权利存在状况的确定性，并且证明权利的存在，从而起到争决纠纷和争议的作用。

(二)登记的公信功能

公信是指登记记载的权利人在法律上推定其为真正的权利人，如果以后事实证明登记记载的物权不存在或有瑕疵，对于信赖该物权的存在并已从事了交易的人，法律仍然承认其具有与真实的物权相同的法律后果。一般情况下，登记权利人与实际权利人都是一致的。在某些情况下，登记权利人与实际权利人不一致时，可以推定登记簿上所记载的权利人是真正的权利人。只要基于公示所表彰出来的权利和内容的信赖而从事了交易行为，并受让了财产，此种交易就不应该被宣告为无效，财产也不应该被剥夺。凡是信赖登记所记载的权利而与权利人进行交易的人，在没有相反的证据证明其明知或应当知道不动产登记簿上记载的权利人并非真正的权利人时，都应当推定其具有善意。从法律效果上来看，只要作为公示内容的物权现状没有变动，便可以视为物权变动未曾发生。反过来，如果登记记载某项物权已经发生变动，也可以认为物权已经发生变动。

(三)保护交易安全和维护市场秩序的功能

房地产登记的重要功能之一就是公开房地产的权利状况。登记将不动产物权的设立、转移、变更等情况公示于众，使公众了解房地产的权属状况、权利状态以及相关信息。这种公示可以使房地产的潜在交易者获得有关交易客体权属状况的准确信息，包括房地产权利归属、来源、土地使用权性质、使用期限以及有无负担等。这些情况和信息的掌握，对于当事人决定是否进行交易，以及以什么条件交易将产生重要影响，从而有效地预防交易欺诈行为的发生，维护正常的交易秩序，保证交易的安全。同时，它们也有效地维护了房地产权利人或其他第三人的合法权益。

(四)房地产管理和监控功能

房地产登记制度一方面通过权属登记建立完整的地籍资料，为国家了解、掌握房地产利用情况、市场情况提供了重要依据；另一方面，在房地产登记过程中，通过对房地产权属及交易情况进行实质审查，可以及时发现和纠正房地产交易中的违法行为，从而起到对房地产市场进行管理和监控的作用，保证各种房地产交易都在法定的范围内进行，并置于国家的管理和监控之下。

三、房地产登记制度的类型

尽管当今世界各国的房地产登记制度各有其产生、发展的历史背景和社会条件，但总的来看，房地产登记制度不外乎三种类型，即契据登记制度、权利登记制度和托伦斯登记制度。

(一)契据登记制度

契据登记制度首创于法国。其基本内容是国家设立房地产登记机构，并备置房地产登记簿，在房地产发生权利变动时，由交易当事人将与该权利变动有关的契据材料交登记机关登记。登记的目的主要是证明房地产权利变动的契约关系确实存在，并通过公开这种契约关系，让公众了解该房地产的权属关系及权利状态，以维护房地产交易的安全。

契据登记制度的主要特点是：

(1)自愿登记。由于此种登记与当事人的权利是否存在没有直接关系，不具有权利变动的后果，法律并不强制登记，是否登记由当事人自己决定。

(2)形式审查。只要当事人申请登记，并符合形式要件要求，即准予登记。至于所登记的契约是否发生权利变动的结果，权利是否存在瑕疵，当事人一方是否能获得房地产权利，不在考虑的范围。登记机关仅对登记申请和登记的材料做形式上的审查。

(3)登记仅具有对抗力。契据登记本身具有将当事人之间权利变动情况公示于世的作用，具有通知推定的效果。在契据经过登记的情况下，今后相关财产权益发生冲突时，法律推定利害关系人已知道不动产的权利变动情况，其不得以对登记不知情为由进行抗辩。因此，经过登记的契据具有对抗第三人的效力，未经登记的契据不能对抗第三人。

(4)无公信力。公信是指对于登记记载的权利人在法律上推定其为真正的权利人，如要以后事实证明登记记载的物权有瑕疵或不存在，对于信赖该物权的存在并已从事了物权交易的，法律仍承认其具有与真实的物权相同的法律效果。在契据登记中，登记不具有这种公信力。即使办了登记，登记簿也不能产生权利正当性推定的效果。房地产权利是否存在，还须根据实体法规定和事实而定。

此种制度表明国家对财产关系的干预程度比较低，充分尊重了当事人的意愿，但其在交易安全保护方面有一定的局限性。

(二)权利登记制度

权利登记制度首创于德国。其基本内容是，登记机关在对有关权利证明材料进行审查的基础上，对房地产权利变动情况予以确认和记载。登记的对象是各种不同的财产权，而非转移财产权的契约。在权利登记制度下，房地产物权只有经过登记机关登记，才能产生权利变动的效果，登记是房地产权利变动的法定生效要件。实质上，登记是对权利存在的认可和确认。

相对契据登记制度而言，权利登记制具有以下几个特点：

(1)实质审查。登记机关要根据有关法律的要求对申请人提供的登记材料进行审查，即要对权利本身存在与否以及其真实性与合法性做出认定和判断，并在此基础上对房地产权利变动的结果进行登记。

(2)强制登记。权利登记实行的是登记要件主义，即以登记为房地产权利变动的法定生效要件，不经登记不能发生权利有效变动的效果。这种登记制度本身就决定了登记的强制性。

(3)登记具有公信力。由于登记要经过实质审查，因此，对登记所表彰的权利状况，法律推定其真实合法，每个人都应当信赖登记的正确性，即使登记的状况与真实情况不符，但为了保护第三人的利益，也视登记簿的记载为正确，即第三人对登记的善意信赖受法律保护。

(三)托伦斯登记制度

托伦斯登记制度记制度由托伦斯爵士于 1858 年在澳大利亚首创，又被称为托伦斯房地产所有权登记法。其基本内容是，首先由房地产所有人提出注册申请并做出所有权综合说明，然后进行确定产权诉讼听证，任何所有权综合说明中提到的人，以及声称对相关房地产有权益的人都可以出席听证会并发言。最后，由政府指派的所有权注册登记官根据诉讼结果制作所有权证书。证书明确法律承认的完整所有权业主的名称，并列出一切法律承认的所有权以外的房地产权利，如抵押权、地役权、长期租赁权、终生产权等。注册登记官保存所有权证书的正本，发给所有权持有人证书的副本。

所有权一经登记注册，若再发生房地产转让时，所有权让与人将契据交给受让人，受让人将契据交给注册登记官，由登记官办理所有权转让手续(撤掉转让人的产权证书，再向受让人颁发一份新的产权证书)，房地产所有权的转让时间即算起。

托伦斯登记制度的主要特点是：

(1)自愿登记。登记与否由当事人自己决定。另外经过登记的房地产再转让时，也要进行登记。否则，该转让不发生法律效力。

(2)以权利证书作为房地产权利归属和房地产权利状态的证明。

(3)错误登记负赔偿责任。由于在托伦斯登记制度下，登记具有公信力，所以，由登记错误造成当事人利益损失时，登记机关负有赔偿责任。

我国香港地区建立的房地产登记制度为契约登记或合同登记。依据香港地区《土地登记条例》，凡涉及不动产的一切交易合同均应登记注册。契据注册，是将涉及地权的契据文件详细记录起来。为方便编册和查阅起见，通常将同一块地的契据文件依时间次序记入同一项下。由于世界各地都通行以书面契约作为土地买卖或其他转让的凭据，逐一登记契据文件入册，查册便知有关土地买卖的历史，从而可推论谁是土地现实地主或业主。在契据注册制度下，注册机构不保证任何册上有名的人是地主或业主，也不保证任何已登记契据的效力。登记任何契据文件时注册机构只检视文件表面是否符合法定形式要求以及内容大意为何，便将文件归类记入某一项和一栏。换言之，契据注册只可以视为地权的一种非绝对证明。

可见，不同国家和地区建立不动产登记制度所依据的法理根据有相当大的差别。房地产登记制度除有契据登记、权利登记和托伦斯登记的区别外，房地产登记的内容、类别在不同的国家也有很大差异。

(四)我国房地产登记的特点

中华人民共和国成立后，为适应土地改革的需要，人民政府确认土地权属，曾向土地所有者和土地所有权人颁发过土地证和城市房屋所有权证。1957 年以后，由于全面实行土地公有制，土地登记工作逐渐放松，尤其是“文化大革命”期间土地登记工作完全中断。直到改革开放后，为适应土地管理工作的需要，土地登记制度才重新得到恢复和发展。首先是 1986 年颁布、2004 年修订的《土地管理法》第 11 条规定，农村集体所有的土地，由县级以上人民政府登记造册，核发证书，确认所有权，单位和个人依法使用的国有土地由县级以上人民政府登记造册，核发证书，确认使用权。1989 年国家土地管理局制定了《土地登记规则》，对土地登记的对象、土地登记的种类及土地登记的程序做出了较为全面的规定。1995 年根据“深化改革，强化管理，建立社会主义市场经济体制”的需要，国家土地管理局对 1989 年的《土地登记规则》做了修改和补充，使我国的土地登记制度得到进一步的完善，并成为我国土地法律制度的重要组成部分。

我国房地产登记制度建立在社会主义土地公有制基础上，必然带有我国社会、政治、经济制度的基本特征。其具体表现在以下几个方面：

1. 登记具有强制性

我国不动产权利的设立、变更和消灭均以登记为生效要件，不经登记，土地权利的设立、变更和消灭不发生法律效力，不受法律保护。《物权法》第9条规定：“不动产物权的设立、变更、转让和消灭，经依法登记，发生效力；未经登记，不发生效力，但法律另有规定的除外。依法属于国家所有的自然资源，所有权可以不登记。”换言之，除依法属于国家所有的自然资源的所有权可以不登记外，其他自然资源及不动产所有权均应依法登记。土地登记的强制性显而易见。此外，我国有关法律、法规将土地登记规定为权利人的法定义务，当事人在设立、变更和消灭土地权利时必须履行登记义务。如《土地登记规则》第3条规定：“国有土地使用者、集体土地所有者、集体土地使用者和土地他项权利者，必须依照本规则规定，申请土地登记。”第32条规定：“依法变更土地使用权、所有权和土地他项权利的，必须依照本章规定向土地管理部门申请登记。”第3条还规定：“依法登记的土地使用权、所有权和土地他项权利受法律保护，任何单位和个人不得侵犯。”对不按规定如期申报登记者，除按违法占地处理外，还可视情节轻重报县级以上人民政府批准，注销土地登记，注销土地证书。

2. 登记实行实质审查

根据《土地登记规则》的规定，土地登记的程序包括土地登记申请、地籍调查、权属审核、注册登记、颁发或者更换土地证书。该规则在第68条还规定：“土地管理部门应当在受理土地使用权、所有权设定登记，土地使用权、所有权变更登记，名称、地址和土地用途变更登记申请之日起30日内，对登记申请和地籍调查结果进行审核，并报经批准后进行注册登记，颁发、更换或者更改土地证书。”《物权法》第12条也明确规定，登记机构应履行下列职责：

(1)查验申请人提供的权属证明和其他必要材料；

(2)就有关登记事项询问当事人；

(3)如实、及时登记有关事项；

(4)法律、法规规定的其他职责。

申请登记的不动产有关情况需要进一步证明的，登记机构可以要求申请人补充材料，必要时可以实地察看。可见我国对土地登记实行的是实质审查。此外，还对土地证书实行定期查验制度。土地使用者、所有者和土地他项权利者，应当按照土地管理部门规定的期限，办理土地证书查验手续。就此而言，虽然有关立法未对土地登记的公信力问题做出明确规定，但从公信力的积极意义来讲，我国的土地登记无疑是具有公信力的。在实践中，作为登记结果的土地权利证书，是确定土地权利归属的重要法律依据。

3. 登记由分别登记向统一登记转变

由于历史的原因，长期以来我国实行的是房地分管体制，房与地的登记由两个不同的部门分别进行。尽管近年来已有广州、上海等城市实行了房地合一的登记制度，但到目前为止我国的绝大多数地区仍然没有改变房地分管的格局，房地产的登记仍然由土地管理部门和房屋管理部门分别进行，这种现状既不方便当事人进行房地产登记，又增加了管理成本，降低了工作效率。因此，《物权法》明确规定："国家对不动产实行统一登记制度。统一登记的范围、登记机构和登记办法，由法律、行政法规规定。"物权法的实施结束了我国房与地分别登记的现状。

4. 以权属登记为主同时兼有土地现状登记

与世界上许多国家的登记制度相比，我国土地登记不仅包括土地权属及其变更情况的登记，同时还包括对土地现状的登记。《土地登记规则》第 48 条明确规定："土地使用者、所有者和土地他项权利者更改名称、地址和依法变更土地用途的，必须依照本章规定向土地管理部门申请登记。"在初始登记中，土地登记的内容既包括土地权利的归属情况，又包括土地位置、面积、用途、等级、价格等情况。在变更土地登记中同样包括了土地用途变更登记和土地权利人名称、地址变更的登记，这种登记的作用，远远大于那种以方便交易和保护交易安全为主要目的的土地登记。

我国的土地登记主要分为初始土地登记和变更土地登记两大类。总的来讲，我国的土地登记立法是侧重管理的，无论从土地登记的目的，还是从土地登记的内容来看，都体现了这一特点。与发达国家的登记制度相比，我国的土地登记制度，还未充分发挥其公示作用和保障交易安全的功能。因此，我国应在土地登记资料查询及公开方面进一步完善有关制度，使土地登记在发挥管理和监督功能的同时，也为土地使用者的交易行为以及土地资源的优化配置，提供更多的方便和安全保障。

第二节　我国的房地产登记制度

中华人民共和国成立后，国家适应土地改革的需要，依据《土地改革法》和《城市郊区土地改革条例》，在全国范围内进行了房地产测量、划界和登记发证。但自社会主义土地公有制全面建立后，土地的商品属性一度被否定，以土地为对象的交易活动被法律明令禁止，土地利用关系极为简单，土地管理工作未得到应有的重视，有关登记制度也未得到应有的发展。土地登记管理与房产登记管理并未同步发展，从而也形成了房地分管这种特殊的管理体制，即房与地的登记发证分别由建设行政管理部门和土地管理部门来完成。

一、土地登记

土地登记的基本含义是国家依照有关规定，对土地的位置、面积、用途、等级以及权属关系和权属等变化情况在专门的簿册上进行记载，并予以确认的制度。土地登记的完整意思应包括两个方面，即对土地现状的描述和对土地权利归属及其变化情况的记载。土地登记制度作为国家管理土地资源的一项重要措施，已成为我国不动产登记制度的重要组成部分。

(一)初始土地登记

初始土地登记又称总登记，是指政府根据土地管理工作的需要在一定时间内，对辖区内全部土地或者特定区域内的土地进行的普查性登记。土地初始登记是国家对土地进行管理的基础。就登记的内容来讲，既包括土地的权属状况登记，又包括土地的自然情况登记。该种登记的主要特点是具有普查的性质。不论土地权利人在拥有或使用土地期间是否发生过土地权利变更，是否有登记的愿望与要求，都必须按照人民政府土地管理机关的要求，通过一定的程序在统一的簿册上进行重新登记，颁发或换发土地证书。初始登记的主要作用是确认土地权属关系，维护土地权利人的合法权益，为进行地籍管理和土地权属管理提供基本的依据。由于众所周知的原因，我国的土地登记工作长期以来未受到应有的重视，直到《土地管理法》颁布施行之后，国家有关部门才根据土地管理工作的需要，在全国范围开展了土地初始登记，前后用了大约 3 年的时间。此次登记的完成为我国土地权属管理制度的建立提供了有益的经验，对于维护权利人的合法权益、界定土地权属关系、预防土地纠纷以及解决今后土地争议都起了重要的作用。

(二)土地变更登记

土地变更登记是在初始土地登记之后，因土地权属关系、权利状态或土地用途发生变化而依法进行的登记。其包括土地权利设定登记、土地权利变更登记、土地用途变更登记、注销土地登记和土地权利人更换名称、地址的登记。与初始土地登记相反，它属于经常性登记，是土地登记中最经常、最大量的行为。变更土地登记的具体程序与初始土地登记基本相同，所不同的是变更土地登记不必通告和公告。《土地登记规则》明确规定，初始土地登记的程序，除有关通告和公告的规定外，适用于变更土地登记。土地变更登记包括：

1. 土地权利设定登记

土地权利设定包括土地所有权设定、土地使用权设定和土地他项权利设定。根据《土地登记规则》的规定，土地使用权设定主要发生在以下几种情况下：

(1)以划拨方式取得土地使用权的；

(2)集体土地被依法征为国有土地后，原集体土地使用者继续使用该土地的；

(3)以出让方式取得国有土地使用权的，受让方已按出让合同约定支付全部土地使用权出让金的；

(4)依法以出租方式向政府土地管理部门承租国有土地的；

(5)在企业改制中，国家将国有土地使用权以作为入股方式让与股份制企业的；

(6)地役权设定后当事人申请登记的，根据《物权法》第 158 条的规定，地役权自地役权合同生效时设立，当事人要求登记的可以向登记机构申请地役权登记，未经登记不得对抗第三人。

在以上 6 种情况下，土地使用者应在批准或签约后的 30 天内持规定的有关文件，向土地管理部门申请土地使用权设定登记。土地使用权取得的时间自登记时开始。

2. 土地权利变更登记

根据《土地登记规则》第 32 条的规定，依法变更土地使用权、所有权和土地他项权利的，必须依照有关规定向土地管理部门申请登记。土地权利变更是指土地权利人实施法律行为使土地权利发生转移或权利主体发生变更的情况。目前我国的土地权利变更主要有以下几种情况：

(1)经补办出让手续、补交出让金将划拨土地使用权变为出让土地使用权的；

(2)企业将通过出让或国家入股等形式取得的国有土地使用权再以入股的方式转让的；

(3)享有土地使用权转让权的土地权利人，依法将其土地使用权转让他人的；

(4)因单位、企业兼并等原因引起土地使用权转移的；

(5)因交换、调整土地而发生土地使用权、所有权变更的；

(6)因处分抵押财产而使土地使用权变更的；

(7)土地使用者因出售公房而使土地使用权转移的；

(8)因买卖、转让地上建筑物、附着物等一并转让土地使用权的；

(9)依法继承土地使用权和土地他项权利的；

(10)集体土地使用者将集体土地所有权作为联营条件成立三资企业和内联企业使土地使用权转移的；

(11)以其他合法方式转移土地权利的。

此外，根据《物权法》第 169 条的规定，已经登记的地役权变更、转让或者消灭的，应当及时办理变更登记或者注销登记。

3. 土地用途变更登记

为了加强土地利用的管理，了解和掌握土地利用情况，《土地登记规则》明确规定，土地使用者、所有者和土地他项权利者更改名称、地址和依法变更土地用途的，必须依照有关规定向土地管理部门申请登记。土地用途的变更主要是指因农业结构调整而引起的地类的变化和建设用地使用性质的改变。《土地管理法》第4条规定，“使用土地的单位和个人必须严格按照土地利用总体规划确定的用途使用土地”。未经批准不得改变土地利用总体规划确定的土地用途。土地用途变更必须进行登记，但登记是以人民政府土地管理部门的批准为前提的。国有土地的用途发生变更的，土地使用者应在批准变更之日起30日内，持有关部门的批准文件和原《国有土地使用证》申请土地用途变更登记。出让土地的用途发生变更的，土地使用者还应提交土地使用权出让合同变更协议或重新签订的土地使用权出让合同。集体土地建设用地的用途发生变更的，土地使用者应在接到有批准权的人民政府的批准文件之日起30日内，持批准文件、《集体土地所有证》和《集体土地使用证》申请土地用途变更登记。

4. 注销土地登记

注销土地登记是因某种法律事实的出现导致土地权利终止或消灭时而依法进行的登记。引起土地权利终止或消灭的法律事项包括法律事件和法律行为。在现实生活中主要包括以下几种情况：

(1)集体所有的土地全部被依法征用，被征地单位的成员依法转为城镇居民的；

(2)县级以上人民政府依法收回国有土地使用权的；

(3)国有土地使用权出让或出租期满，土地使用者未申请续期或续期申请未获批准的；

(4)因自然原因或自然灾害等导致土地灭失的；

(5)土地他项权利终止的。

为了加强土地权属管理，合理利用土地资源，《土地登记规则》明确规定，在上述情况发生时，原土地所有者、使用者或他项权利享有者应在规定的期限内持原土地证书申请土地所有权、使用权或他项权利注销登记，由土地管理机关收回原土地权利证书。土地权利人未按照有关规定申请注销登记的，土地管理机关可以依照《土地登记规则》的规定，直接办理土地注销登记，注销土地证书。

无论是初始土地登记还是变更土地登记，其过程的完成均以土地证书的发放为标志。土地登记证书是土地登记卡部分内容的副本，是国家为符合土地登记条件的申请人颁发的证明其享有合法土地权利的证明文件，也是土地权利人行使土地权利的法律凭证。目前我国使用的土地证书主要有四种，即《国有土地使用证》《集体土地所有证》《集体土地使用证》和《土地他项权利证明书》。每种证书分特制精装和普通简装两款，均按照国土资源部规定的统一格式，由国土资源部或其授权的单位统一印制或由国土资源部统一监制。土地证书是国家依法确认土地权利人对土地享有某种权利的法律文件，也是土地权利人享有某种土地权利的依据。

二、城市房屋权属登记

城市房屋权属管理是城市房屋管理的重要内容之一，房屋产权登记制度是我国房地产管理法律制度的核心部分。中华人民共和国成立后，我国大多数城市都没有进行过房屋所有权登记，核发过土地所有权证。因此，房屋产权不清的现象普遍存在，房屋产权纠纷很多，影响了城镇房屋的管理工作，亟须加强法制建设。为了加强城镇房屋产籍管理，保护产权人的合法权益，巩固城镇房屋普查成果，城乡建设环境保护部于1986年2月5日公布了《关于开展城镇房产产权登记、核发产权证工作的通知》，要求在房屋普查工作的基础上，开展房屋产权登记，核发产权证书，1987年颁发了《房屋所有权证》样式，并决定自1987年起，用两三年的时间在全国范围内开展城镇房屋所有权登记和核发产权证明的工作。与此同时，为了规范登记发证行为，还制定了《城镇房屋所有权登记暂行办法》，对房屋产权登记申请人、登记的种类、登记的期限以及登记的税费问题做出了原则性的规定。1990年，建设部又公布了《城市房屋产权产籍管理暂行办法》，1993年公布了《城市公有房屋管理规定》，对公房所有权登记问题做出了规定。1995年和1996年建设部又根据我国住房制度改革和国有资产管理的需要，对房改售房权属登记发证问题和国有资产产权登记问题做出了规定。这些规定的执行基本上解决了房屋产权不清、户籍不明的问题，对加强房地产产权管理，保障房地产权利人合法权益起到了积极的作用。随着我国房地产业的迅速发展、社会主义市场经济的逐步建立和住房制度改革的不断深入，我国的房屋产权出现了多元化趋势，产权流转的方式也出现了多样化，流转速度加快，又出现了新的产权不清的混乱的问题。为了使房屋产权户籍管理进一步适应市场经济发展的需要，培育和规范房地产市场，切实保护房地产权利人的合法权益，1996年建设部又在城市规划区国有土地范围内，对房地产产权进行了验证登记。此后，又于1997年公布了《城市房屋权属登记管理办法》，使我国的房屋产权登记管理制度进一步得到了完善，也为城市房屋产权管理提供了依据和保障。

(一)城市房屋权属登记的主要特征

房屋权属登记是指房地产行政主管部门代表政府对房屋所有权及由其产生的抵押权等房屋他项权利进行登记，并依法确认房屋权属关系的行为。房屋产权登记是房地产产权管理的主要手段，也是维护房屋产权人及他项权利人合法权益，防止房屋产权纠纷的重要措施。对房屋产权进行单独登记、发证，是我国房地产管理法律制度的一大特点。世界上很少有国家是将房屋单独作为管理对象与土地分开进行权属登记的。就此而言，可以说这是我国特有的一种管理制度，主要具有以下特征：

1. 房屋产权登记具有强制性

房屋权属权登记作为国家进行权属管理的一种手段，其作用不仅仅限于确认房屋权属，维护权利人的合法权益，它还有维护交易安全、提供征税依据等作用。因此，房屋产权的登记是具有强制性的。凡是在规定的登记范围内的房屋，无论其产权归谁所有，其所有制性质如何，都必须按照国家有关规定向房屋所在地房产管理部门申请产权登记，经审查确权后，由房产管理机关颁发房屋产权证书，并在将来房屋产权发生转移时进行产权变更登记，更换房屋产权证书。

2. 房屋产权登记只适用于城镇房屋

根据现行有关规定和我国的房屋权属管理实践，我国的房屋产权登记仅限于城市规划区国有土地范围内的房屋。农村的公私房屋到目前为止尚未纳入权属登记管理的范围。

3. 房屋权属登记实行实质审查

在房屋权属管理中，登记机关不仅要对房屋的坐落位置、面积及权属的真实情况进行调查核实，而且要根据有关法律的规定，对房屋权利设立、变更、终止的真实性、合法性进行审查，对于经审查认为不真实、不合法的房屋权利转移行为，将不予登记，并依法给予处罚。

4. 房屋权属管理采用登记生效主义原则

根据我国有关法律的规定，我国的房屋权属登记是房屋产权设立、变更和终止的法定效要件。当事人在房地产权利发生转移时，不仅要依法签订书面合同，而且要履行登记义务，不经登记的房屋产权不仅不能对抗第三人，而且不具有法律效力，不受法律保护。在司法实践中，政府颁发的房屋权利证书是确定房屋权属的主要依据。除特殊情况外，房屋所有权人的认定应以房屋权利证书为主要凭据。

(二)房屋权属登记的种类

房屋权属登记的种类是指房屋权属登记的主要类型。目前我国的城市房屋权属登记分为以下 6 种：

1. 总登记

房屋产权总登记是指县级以上地方人民政府根据需要，在一定期限内对本行政区域内房屋进行统一的权属登记。总登记的主要目的和作用是确认房屋产权归属，建立健全房地产权属档案。这种登记具有明显的强制性。登记的对象、范围、时间、程序及要求都由房屋权属登记机关统一确定。房屋产权总登记并非经常性的行为，通常是在必要的情况下进行。中华人民共和国成立后，我国根据房屋产权管理工作的需要于 1985 年在全国范围内进行了城镇房屋普查，并在此基础上开展了城镇房屋所有权登记，即房屋产权总登记。后又根据社会发展的需要，于 1996 年进行了房屋权属证书验证和换证。这两项工作的开展对我国城市房屋权属管理制度的建立、发展与完善具有重要的意义和作用，为房屋权属管理奠定了良好基础。

2. 初始登记

初始登记一般是指新建房屋的拥有者为确认其房屋归属取得房屋所有权而向房产管理机关申请登记、发证，房产管理机关经审核有关情况后予以登记，向其颁发房屋所有权证书，确认其房屋所有权的行为。目前这种登记主要适用于两种情况：

(1)新建的房屋初次取得房屋所有权。新建的房屋竣工后建房者应在3个月内向房屋管理部门的登记机关申请房屋所有权初始登记。申请登记时，申请人应提交用地证明文件或者土地使用权证、建设用地规划许可证、建设工程规划许可证、施工许可证、房屋竣工验收资料以及其他有关的证明文件。

(2)房屋占用范围内的土地所有权主体发生变更的，即土地所有权主体由集体变为国家的。在现实生活中，这种变更主要在国家征用集体土地的情况下发生。当集体土地上的房屋因征收而转为国有土地上的房屋时，房屋所有权人应自事实发生之日起30日内向登记机关申请房屋所有权初始登记。

3. 转移登记

房屋权属转移登记是指在房屋权属进行总登记之后，因房屋买卖、交换、赠与、继承、划拨、转化、分割、合并以及判决、裁决等原因致使房屋所有权发生转移时，依法应进行的登记。此种登记应当自引起房屋所有权转移的法律事实发生之日起90日内提出申请。申请人在申请转移登记时，权利人应提交房屋权属证书以及证明房屋权属变更的合同、协议及必要的证明文件。转移登记的法律后果是房屋所有权主体发生变更。

4. 变更登记

房屋权属变更登记是指在总登记之后，房屋现状发生变化或房屋所有权人名称发生更改时，依法应进行的登记。此种登记主要适用于以下几种情况：①房屋坐落的街道、门牌号或者房屋名称发生更改的；②房屋被翻扩建的；③房屋面积发生增减变化的；④房屋权利人的名称发生变更的；⑤法律、法规规定的其他情形。上述任何一种情况出现时，权利人都应自事实发生之日起30日内向房屋管理部门的登记机关申请变更登记，并提交房屋权属证书以及相关的证明文件。

5. 他项权利登记

房屋他项权利一般是指房屋所有权以外的其他各项权利，如承租权、抵押权、典权等。房屋他项权利登记，是指在房屋权属登记之后，房屋所有权人在房屋上设定他物权，房屋管理机关基于权利人的申请而进行的登记。登记的主要目的是确定他项权利设定的事实，保护他物权人的合法权益。我国的《城市房屋权属登记管理办法》规定："设定房屋抵押权、典权等他项权利的权利人应当自事实发生之日起 30 日内申请他项权利登记。"申请房他项权利登记，权利人应当提交房屋权属证书，设定房屋抵押权、典权等他项权利的合同书，以及相关的证明文件。

6. 注销登记

注销登记是指房屋权利因房屋灭失、房屋所占用的土地使用年限届满、他项权利终止等而使房屋权利消灭时，权利人应依法进行的登记。此种登记主要发生在以下几种情况：①房屋灭失；②土地使用年限届满；③他项权利终止。上述 3 种情况都会导致房屋所有权和房屋他项权利终止。为了保证房屋权属登记的情况与事实相符，注销登记是必要的。

（三）房屋权属证书及其效力

房屋权属证书是国家为确认房屋的权属关系，保护房屋权利人的合法权益而向房屋权利人颁发的具有法律效力的证件。它是房屋权利人享有房屋所有权或他项权利的依据，也是房屋权利人拥有房屋所有权并对房屋行使占有、使用、收益和处分权利的唯一合法凭证。在仲裁和民事诉讼中，它是确认房屋权利归属的主要证据。目前，我国的房屋权利证书包括三种，即《房屋所有权证》《房屋共有权证》和《房屋他项权证》。《房屋所有权证》一般是由房屋所有者持有，特殊情况下才会由所有权人以外的人持有；共有的房屋，由权利人推举的持证人收执房屋所有权证书，其余共有人各执房屋共有权证书一份；《房屋他项权证》由他项权利人收执，他项权利人依法行使他项权利受法律保护。房屋权属证书只能由法定的国家机关，依照法定程序颁发。在我国享有房屋权属证书颁发权的机关是国务院建设行政主管部门，房屋权属证书由其统一制定，证书由市、县房地产行政主管部门颁发。实行房地两证合一的地方，由合并后的房地产管理机关颁发《房地产权证》《房地产共有权证》和《房地产他项权证》。目前，城镇房屋登记发证率超过 90%，而土地使用权登记发证率较低。据了解，对于房屋买卖的，大多数城市还没有办理分户土地使用权登记。鉴于房地产交易中，房屋所有权与土地使用权要同时转移的法定要求，有关登记部门已经开始实行统一登记，将房屋所有权登记和土地使用权登记同时进行，并将两证合一证颁发，以方便登记，减少登记成本，更好地维护房地产权利人的合法权益。最新的《不动产登记暂行条例》已从 2015 年 3 月 1 日起施行。

第三节　发达国家和地区的不动产登记制度

登记作为一种制度出现之前，民间就存在着财产标识的习惯。在古罗马时代，由于没有建立登记制度，在以土地设定抵押权时，抵押权人为了表示对该土地享有抵押权，通常在该土地上树立石碑或木桩，证明该土地已经被设定了抵押权。这种做法，一方面，向世人表明自己对于该土地所存在的权利；另一方面，则警示潜在的交易者在与该土地所有者进行土地交易时应谨慎从事，否则，便可能与其抵押权发生冲突，而使交易的期待利益不能得到实现。

登记作为一种制度，首先出现在不动产领域。在登记制度产生之前，地主为了表明自己对土地的所有权，通常用篱笆将属于自己的土地围起来，或在土地上树立界碑，以便与他人的土地相互区别。这种公示财产权的做法直到登记制度产生以后，仍作为土地权利公示的一种辅助方法被使用，甚至在登记制度十分完善的今天，仍可以看到它的踪迹。

一、英美法系国家的不动产登记制度

(一)英国的土地登记制度

现代英美法系中的不动产登记制度，实际上是在19世纪末才开始的。1862年和1875年的《土地登记法》(*Land Registration Act*)，推行的都是自愿登记。1897年制定的《土地登记法》标志着托伦斯登记制度的确立，该法规定由国库提供损害赔偿基金，并制定伦敦郡为强制登记地区，所有的土地交易必须登记。1925年，《土地登记法》逐步在全英国其他地区推行强制登记，并一直是英国土地登记的基本法律依据。历经1936年、1986年和1997年的数次修订逐步完善，最新一次的修订是在2002年，形成新的《土地登记法》(*Land Registration Act* 2002)。

英国的托伦斯等级制度奉行三条基本原则：

1. 镜像原则(Mirror Principle)

登记簿应如实反映土地上的真实权力结构，从理论上来讲，任何潜在的买受人需要查阅一下登记簿，就可以清楚地知道谁是土地的产权人，谁还对这块土地享有其他权益。

2. 帷幕原则(Curtain Principle)

帷幕原则也就是延伸原则(Overreaching Principle)。根据这项原则，即使土地上负担有其他收益性权益(Beneficial Principle)，买受人的权益也不受其影响，由此保护买受人的利益。该原则主要适用于信托土地上的权益，以及由抵押人、私人代表或者根据法庭命令所进行的转让。

3. 保证原则(Guarantee Principle)

国家为登记簿上所记载的产权提供担保，如果权利人因此受损，由国家提供赔偿。

从英国土地登记制度的发展过程来看，其土地登记的主要对象就是土地产权，登记的主要目的是确认和保护土地利用者的土地权利。其登记原则由“自愿”到“强制”的转变，体现了社会发展对土地管理的内在要求。同时，也反映了国家干预经济生活的一个侧面。

(二)美国的土地登记制度

1677 年英国的《禁止欺诈法》颁布之前，判断土地所有权的归属主要是看土地由谁实际占有，地主通过公开占有向世人宣告自己对土地的所有权。土地转手的时候，原地主迁出，新土地主迁入。自 1677 年起，转让土地所有权开始要求由契据来证明。这样判断土地所有权归谁所有，就看谁手中持有最新的土地契据。这种办法在契据持有人占有土地的情况下，很容易判断，但在契据持有人不实际占有土地(如土地出租)的情况下，就比较困难了。解决问题的办法就是设立地政登记服务机构，人们可以在那里进行契据登记。这种登记记录向社会免费公开，业主可以通过契据登记向社会宣布自己对某块土地享有所有权。现在美国各州都有登记法，要求土地权益产生、转让和负担设定的文据都要登记。各县镇都有一个地政登记办公室(有的地方叫书记处、注册办公室或财产转让局等)，主管登记工作的人员称为记录员、书记员或注册员。为了使用地政登记这个工具，各州法律都规定，如果影响不动产权益的契据、抵押等文据未进行登记，后来的买主或贷款人可以认为这些文据是无效的，如果文据经过了登记，法律认为今后的买主、抵押贷款人或公众都已得到了通知。正像美国学者所讲的那样，登记法律只能使未登记的文件处于不利地位。无论后来的请求权人事实上是否查询或者看到契据登记资料，如果契据及时恰当地进行了登记，相对于后来的请求权而言，就享有优先地位，并具有推定告知作用。无论后来的请求权人是否查阅了该登记档案资料，都视为已收到契据已登记的通知。推定告知规则意味着，在后的请求权人没有进行调查，并不能从中获益，即使事实上在后的请求权人并不知道它们的存在，他都被推定知道全部在先已登记的契据。

1895 年美国的伊利诺伊州率先实行了托伦斯土地所有权登记办法。随后，其他州也陆续仿效，最多时有 20 个州实施这种登记办法。现在只有科罗拉多州、佐治亚州、夏威夷州、纽约州、华盛顿州等 10 个州实行这种登记办法。事实上在这 10 个州里，托伦斯产权登记法和一般登记法共存。近些年来，由于土地所有权保险得到了推广和广泛使用，托伦斯产权登记法的使用受到了限制。

二、大陆法系国家的土地登记制度

(一)德国的土地登记制度

德国的土地权利登记制虽萌芽于 12 世纪初，但直到 1722 年《抵押权及破产令》

的颁布才正式确定以公簿登记作为抵押权的公示方法。18 世纪中叶，由于英国谷物的大量输入，土地贵族对于农业的经营逐渐采取企业化方式。为了获得生产资金，土地抵押在德国盛行。为了加强抵押权的安全性，1750 年普鲁士制定了《抵押权令》，规定法定抵押权和约定抵押权的优先权的享有必须以登记为条件，相互间的顺位由登记日期的先后来决定，从而强化了公示原则。1794 年普鲁士《土地法》进一步规定，登记簿上的所有人，即便非真正所有人，信赖登记设立的抵押权的第三人的利益，也可以得到一定的保护。同时，还确立了实质审查原则，使登记制度成为抵押权立法的重要内容。

1896 年德国颁布了《民法典》，对登记的一般程序和效力问题做了全面的规定。此后不久又于 1897 年颁布了《土地登记条例》，1935 年颁布了《〈土地登记条例〉实行法》，为了加强登记官的责任，又于 1936 年颁布了专门法规，使德国的土地登记制度进一步得到完善和发展。

依德国现行法律的规定，不动产物权的设立、转移、变更和消灭非经登记不得生效。《德国民法典》第 873 条规定："为转让一项地产的物权，或者在地产上设立一项物权以及转让该项权利又或者在该项权利上设立其他权利，如法律没有另行规定，必须有权利人和因该权利变更而涉及的其他人的同意，以及该变更在不动产登记簿上的登记。"第 875 条还规定，如放弃一项地产的权利，若法律无另行规定，必须有权利人放弃其权利的意思表示，以及该项权利不动产登记簿的注销登记。据此规定，不动产物权登记就不仅仅具有物权公示作用，而且还具有决定不动产物权变动的法律行为能否生效的作用。德国物权法在规定物权变动条件时，采用了实质登记原则，不动产物权创设、转移、变更和消灭均以登记为生效条件。此种登记制度，对于不动产交易的安全与稳定和不动产权利人合法权益的保护，都起着重要的作用。

在德国法中，依法应予以登记的不动产物权有所有权、住宅所有权与部分所有权、地上权与住宅地上权、支配权限制、物权性的先买权与买回权、可预登记的所有权取得请求权、用益权、役权、长期居住权与长期使用权、特别使用权、实物负担、抵押权、土地债务、不动产质押权等。

(二)法国的土地登记制度

在《法国民法典》颁布以前，财产公示原则并未在法国得到重视。随着不动产交易的日益频繁，交易安全问题使公示制度成为必要。1771 年关于不动产受让人保护方面的王令，确立了权利确认书制度，其要求转移不动产时，应进行公告，以催告债权人申请异议。在规定的期限内若无人提出异议，才对受让人颁发权利确认书，受让人便依此确认书对不动产享有无负担的所有权。

法国大革命后，为适应不动产交易安全和信用安全的需要，共和政府于 1795

年制定了《抵押法典》，其规定抵押权成立以保存登记为成立要件，为公示制度的建立奠定了基础。19世纪初，受法国大革命的影响，所有权绝对、契约自由成为当时法律的指导思想，《法国民法典》对公示制度予以确认后，公示原则普遍被采用。随着商品经济的发展，民法典确定的公示制度的不完善日益突出，难以适应实践发展的需要，1855年法国政府又颁布了《关于抵押权登录的法律》。据此，所有权及抵押权等权利设定及转移，未经登记不得对抗第三人。第二次世界大战后，法国设立民法修订委员会，开始对民法典进行大幅度修改，并于1955年颁布，不动产公示制度得到进一步完善。

法国不动产登记的主要特点是：物权变动的双方法律行为以双方当事人的意思表示一致为生效要件，创设、转移、变更、消灭物权的行为是契约或者合同行为而不是登记行为，认为物权变动是契约或合同的结果，因此合同无效必然导致物权变动的无效。

(三)日本的土地登记制度

日本民法虽在总体上继受了德国民法，其不动产登记制也是很完善的，但在物权公示的效力问题上的立法与德国不同，其例外地采用了法国的立法原则。《日本民法》第176条和第177条规定："不动产物权变动依当事人的意思表示一致可以生效。"同时，还规定不经登记的物权不能对抗第三人。日本的《不动产登记法》第1条规定："登记，就不动产的表示或下列关于不动产权利的设定、保存、变更、处分的限制或消灭为之。"在日本登记与否由当事人的意愿决定，法律并未采用强制登记的原则，但非经登记的权利虽可生效，却不具有对抗第三人的效力。在这种制度下，很容易产生为了规避税费而不进行登记的问题，而这些未经登记而创设的不动产物权在交易中会有较大的风险。这种登记制度虽在登记问题上充分地尊重了当事人的意愿，但对于交易安全的保护作用有一定的局限性。

日本也是世界上登记制度比较完善的国家，其不动产登记法所规定的应予以登记的不动产物权有所有权、地上权、永佃权、地役权、先取特权、质权、抵押权、承租权、采石权等。

对法国法和日本法来说，不动产登记具有权利正确性推定效力也是毫无疑问的。因为日本民法关于未经登记之物权不得对抗第三人的规定，从学理上自然应得出只有登记之物权方可对抗第三人的结论。这一推论自然也包括登记对第三人应视为正确的意思，否则它就不可能发挥对抗第三人的作用。

三、我国港台地区的不动产登记制度

我国香港地区建立的不动产登记制度为契约登记或合同登记。依据香港地区的《土地登记条例》，凡涉及不动产的一切交易合同均应登记注册。契据注册，是将涉及地权的契据文件详细记录起来。为方便编册和查阅起见，通常将关系同一块地的契据文件依时间次序记入同一项下。由于世界各地都通行以书面契约作为土地买卖或其他转让的凭据，逐一登记契文件入册，查册便知有关土地买卖的历史，从而可推论谁是土地现实地主或业主。在契据注册制度下，注册机构不保证任何册上有名的人是地主或业主，也不保证任何已登记契据的效力。登记任何契据文件时注册机构只检视文件表面是否符合法定形式要求，内容大意为何，便将文件归类记入某一项和一栏。换言之，契据注册只可以视为地权的一种非绝对证明。

我国台湾地区的土地登记是指土地及建筑改良物的所有权与他项权利的登记。台湾地区的不动产登记，由于沿袭日本占领时期的代书制度，不但规定了土地代书的角色与功能，还另外加以规范。根据统计，台湾地区通过土地登记专业代理人办理登记的比例高达80%。

从土地登记制度的历史发展来看，我国古代的土地登记制度与西方国家的土地登记制度具有不同的价值取向。我国历代的土地登记制度基本上都与土地税收有关，虽然也存在土地交易登记，带有交易管制的性质，但总体上还是以为土地赋税提供依据为主要目的的，其基本的价值取向是加强土地管理，维护国家利益。直到现在这种价值取向在有关立法上仍有明显的体现。

西方国家的土地登记制度更多地与市场相关联，不动产登记的主要目的是通过对财产权的确认和证明，维护交易安全，保护土地权利人的财产权益，并为国家进行土地管理，防止税收流失提供资料和信息。与我国的土地登记相比，其具有较强的公开性和服务性，更方便不动产交易的进行。

任何一种法律制度的产生与发展都有其特定的历史条件和经济基础，并体现着立法者的意志和意图。在具体的制度设计上，各个国家都有其自己的特色，受法制传统和历史文化的影响，各国的土地登记制度并未遵循完全一样的原则。同为大陆法系国家的德国、法国和日本，在民法典的制定上有着相同的渊源和一致性。但在不动产登记制度上，德国与法国、日本却适用不同的原则。前者采用了登记要件主义，后两者则采用了登记对抗主义，英国与美国作为同一法系并在法律制度上有着渊源关系的国家，其土地登记制度也有很大差异。可以说各有其存在的合理性，很难评说其优劣。但有一点是共同的，即任何国家的不动产登记制度，都会随着社会经济的发展和需要而变化，并不断改进和完善。

在市场经济体制已经确立，房地产市场日益活跃的今天，我国的土地登记制度已适应实践发展的需要，做出了积极的反应，并日益完善。2007年颁布的《物权法》已确立了预告登记制度、异议登记制度以及登记错误致人损害的赔偿责任。同时还提出不动产统一登记的要求，这无疑为我国房地产登记制度的进一步发展和完善提供了新的契机。

第四节 房地产的特殊登记问题

特殊登记是指非常规登记，相对常规登记而言，特殊登记主要发生在某些特定情况之下，其主要包括预告登记、异议登记和更正登记等。

一、预告登记

预告登记是指为保全债权的实现、保全物权的顺位请求权等而进行的提前登记。我国学术界将其翻译为预先登记、预登记、暂先登记等。在日本的《不动产登记法》中称其为“假登记”。我国台湾地区使用了“预告登记”的称谓。预告登记最初起源于普鲁士法，几经周折而定型于德国民法之中，后被瑞士、日本等国家立法所借鉴，并成为很多国家和地区不动产登记法律制度的重要内容。

预告登记是不动产登记法上与本登记相对应的一项制度。预告登记与本登记(一般不动产登记)的区别主要在于以下几个方面：一般不动产登记都是指不动产物权在已经完成的状态下所进行的登记，也就是说，登记申请人为了取得或转移某项已经完成的不动产物权而进行的登记。而预告登记则是为了保全将来发生的不动产物权而进行的一种登记。预告登记做出后，并不导致不动产物权的设立或变更，而只是登记申请人请求将来发生物权变动的权利。纳入预告登记的请求权对后来发生的与该项请求权内容相同的不动产物权的处分行为具有排他的效力，以确保将来发生该请求权所期待的法律效果。

(一)预告登记的功能

从登记形态上看，预告登记与本登记相对应，是以保全不动产变动请求权为目的的登记。“不动产物权之变动，有强制登记之原则，非经登记，不生效力。对由此强制登记原则所生之危险，为保全以不动产物权之得丧、变更、消灭为标的之债权的请求权而为之准备登记，即为预告登记。”本登记所记载的对象是具备登记条件的物权，而预告登记记载的对象是债权的请求权，旨在保全以不动产物权变动为内容的债权请求权，它为债权向物权的转化提供了保障。

预告登记制度的创设，其目的在于促使以不动产物权变动为内容的债权请求权得以实现，因此，预告登记的效力就是保全债权请求权，这种效力主要表现为：其一，违背预告登记的处分无效，其表现大致为：在预告登记设定之后预告登记义务人实施的处分行为将使预告登记目的不能实现时，该处分对预告登记权利人没有法律效力。这实际上限制了预告登记义务人的处分权，从而为预告登记保全的债权请求权的实现奠定了基础。其二，在预告登记义务人破产或者被强制执行时，预告登记保全的权利摆脱了债权的特色，从义务人负担的其他债权中脱离出来仍能得以实现。这使得预告登记具有了物权的效力，其保全的债权不受义务人财产状态的限制。这无疑从根本上增大了债权请求权实现的机会。其三，预告登记保全的债权因履行而转化为物权时，该物权的顺位依据预告登记的时间予以确定，而不依其产生时在登记簿记载的时间为准。上述 3 个方面分别从排斥义务人进行有害于预告登记的处分、忽视义务人财产状态和确保将来实现的权利地位等角度出发，全方位增加债权请求权实现的可能性，并给将来的物权提供良好的法律地位。预告登记效力产生的标志是预告登记在登记簿中的登记，其程序与本登记相同。

2007 年颁布的《物权法》第 20 条规定，当事人签订买卖房屋或者其他不动产物权的协议，为保障将来实现物权，按照约定可以向登记机构申请预告登记。预告登记后，未经预告登记的权利人同意，处分该不动产的，不发生物权效力。该规定意味着不动产预告登记制度在我国登记制度中的确立。

(二)预告登记的效力

纵观国外预告登记制度，预告登记的效力大体上表现在以下几个方面：

1. 预警的效力

预告登记在本登记前对第三人具有预告的意义，它可以警示第三人不要忽视预告登记的存在，应预见到本登记出现的结果不得以善意取得进行抗辩。日本学者将预告登记的此项效力称为“警告的效力”。

2. 保全顺位的效力

预告登记以保全不动产变动请求权为目的，其警示作用防止了第三人的介入，保全了本登记的顺位，使土地所有权转移请求权得以顺利实现。如《德国民法典》第 885 条第 3 款规定：“以转让某项权利为请求权的标的时，该项权利的顺位按预告登记日期加以确定。”《日本不动产法》第 7 条规定：“本登记的顺位依假登记的顺位而定。”可见，预告登记具有保全日后本登记的效力。

3. 保全债权的实现

预告登记完成后，义务人将已经预告登记的不动产再转让给第三人而害及预告登记权利人的请求权时，该转让行为无效。《德国民法典》第 883 条第 2 款规定，在对土地或权利为预告登记后所为的处分，在妨害前项请求权的全部或一部的限度内无效。日本《不动产登记法》修正时增加的第 105 条规定，认定假登记权利人，在关于所有权为假登记后，申请登记时，若有登记上利害关系的第三人应附上其承诺书或可对抗的裁判书誊本，登记官因其申请而为本登记时，依职权涂销该第三人的登记。

(三)预告登记适用的范围

凡设有预告登记制度的国家和地区，一般都对预告登记适用的范围，以及预告登记所保全的请求权范围有明确规定。如《德国民法典》第883条第2款规定，为保全转让或者废除土地上的一项权利的请求权，或者保全转让或者废除设定于土地之上的权利的请求权，或者保全变更此种权利的内容，或者变更其顺位的请求权，可以在土地登记簿中做预告登记。为保全将来的请求权或者附条件的请求权，也允许做预告登记。日本《不动产登记法》第2条规定，假登记于下列各项情形下进行：①未具备登记申请程序上需要的条件时；②欲保全前条所载权利的设定、移转、变更或消灭的请求权时，上述请求权为附始期、附停止条件或其他可于将来确定者时亦同。根据《瑞士民法典》第959条的规定，法律明文规定须预告登记的权利包括先买权、买回权、卖受权、用益租赁权和使用租赁权等权利，得在不动产登记簿上进行预告登记。

综上所述，预告登记的范围一般包括：①保全目的在于移转不动产的请求权；②保全消灭不动产物权的请求权；③保全不动产权利内容变更的请求权；④保全不动产物顺位的请求权；⑤保全附条件或附期限转移、变更或消灭不动产物权的请求权。上述情形下可以进行预告登记。

在我国，《物权法》虽然确立了预告登记制度，但未对预告登记的适用范围做出规定。从目前的有关研究来看，学术界对预告登记普遍持肯定态度，但对于预告登记适用的范围，尚缺乏必要的研究，更未形成一致的看法。对于目前我国已实行多年的商品房预售合同登记备案，是否为预告登记，多数学者持肯定态度。也有少数学者认为，尽管根据《城市土地管理法》和《城市商品房预售管理办法》商品房预售合同登记备案的规定，这里的预售登记均是一种备案登记，而备案登记并不能像预告登记那样在法律上发生保全权利或权利顺位等司法效果。因此，不能主观地认为登记备案属于物权预告登记行为，也不能推断其具有对抗其后产生的一切权利的效果。商品房的登记备案只是对房地产转让的一种行政管理手段，不产生任何财产权变动的效力。而就备案而言，因是指向主管机关报告事由以备查考，备案中并无审查、批准的要求。备案登记的作用在于让登记部门知晓相关信息，便于管理，是一种纯粹的行政管理方式，故与所备案行为的民事效力无涉。我国现行商品房预售登记，定位于备案登记，无法完成需要登记制度来完成的任务，故应当加以改造。预售登记备案是在未建立预告登记制度的情况下确立的一种制度，尽管我国目前实行的商品房预售合同登记备案不等同于预告登记，但两者的目的和功能基本相同，在很大程度上具有一致性。在物权法确定预告登记制度建立后，可以通过立法将其转为预告登记。

随着我国房地产业的迅速发展，商品房预售被广泛采用，并成为商品房销售的主要方式。在这种商品房预售制度中，交易的实质是在建工程而非通常意义上的房屋，当购房人与开发商签订商品房预售合同，交付首期购房款后，并未取得房屋所有权，只是依据合同享有一种债权性质的期待权，因而经常发生开发商将预售房屋一房多卖或将已预售的商品房再设定抵押权的问题，使期房的购买者面临巨大风险。为了加强对购房人合法权益的保护，《城市房地产管理法》第 45 条第 2 款规定："商品房预售人应当按照国家有关规定将预售合同报县级以上人民政府房产管理部门和土地管理部门登记备案。"建设部 2004 年《城市商品房预售管理办法》第 10 条规定："商品房预售，开发企业应当与承购人签订商品房预售合同。开发企业应当自签约之日起 30 日内，向房地产管理部门和市、县人民政府土地管理部门办理商品房预售合同登记备案手续。"从实践来看，实行商品房预售登记对于保护买受人的合法权益、减少和预防商品房买卖纠纷的发生确实起了很大的作用。

在我国目前条件下，预告登记主要适用以下范围：①商品房预售合同登记；②以预售商品房设定抵押权及抵押权转让的；③以在建工程设定抵押权及抵押权转让的；④以法律、法规规定的其他情形。预告登记制度的宗旨就是保全请求权，为债权人实际取得不动产物权提供保障。只要是以将来引发不动产物权变动为内容的请求权，均可纳入预告登记保护的范围。预告登记的具体适用范围，最终还需要国家通过立法予以确定。

关于预告登记是否具有强制性的问题，学者的看法不一。有人认为预告登记应是一种自愿行为；有人认为预告登记应具有强制性。预告登记不应是当事人自愿的选择，尤其是在我国目前有关法律制度不完善、人们的法律意识淡薄和维权意识普遍缺乏的情况下，不具有强制性的预告登记，很可能难以实施，无法发挥其应有的作用。尤其是商品房预售的预告登记，在商品房预售情况下，买受人没有任何产权证明，也不能实际占有标的物，其依据合同享有的仅仅是一种合同债权，这客观上为预售方实施一房多卖行为提供了方便。预售登记可以使买受人取得优先购买权以及保全债权实现权利，并使期房买卖合同产生公示的效力，以防止一房多卖行为的发生。给预售方预告登记的选择权，就意味着买受方的权益难以保障。从这个意义上讲，实行商品房预售的强制登记是必要的。

二、异议登记

房地产登记工作是将不动产物权的有关情况记载于登记簿的行为。无论采取何种形式进行记载，都会受到具体登记人员主观因素和某些客观因素的影响，即使在正常情况下，偶尔发生登记错误也在所难免。问题是当错误发生时，对不动产物权变动所发生的效果如何处理，如何消除错误登记的影响，保护真正权利人的合法权益。不少国家和地区都设立了异议登记和更正登记制度。我国的《土地登记规则》也对更正登记做出了规定。《物权法》第19条进一步规定："权利人、利害关系人认为不动产登记簿记载的事项错误的，可以申请更正登记。不动产登记簿记载的权利人书面同意更正或者有证据证明登记确有错误的，登记机关应当予以更正。不动产登记簿记载的权利人不同意更正的，利害关系人可以申请异议登记。登记机构予以异议登记的，申请人在异议登记之日起15日内不起诉，异议登记失效。异议登记不当，造成权利人损害的，权利人可以向申请人请求损害赔偿。"该规定标志着异议登记和更正登记制度在我国的正式确立。其对于我国房地产登记制度的完善和发展具有十分重要的意义。

(一)异议登记的意义

异议登记是对登记的正确性有异议而提出的登记。此种登记的效果是使现实登记的权利人不能按照现实登记的内容行使权利。异议登记记载在登记簿上以后，现实登记的公信以及权利的正确性推定作用等都将遇到障碍。第三人也不得在从事某项交易以后以信赖的内容为由要求确认该交易的法律效果。所以异议登记对于保护受登记影响的当事人的利益是必要的。异议登记是登记制度中不可缺少的一环，是登记制度发挥作用的一种体现；同时，它也是对登记绝对公信力的修正，能够保护事实上的物权人，体现法律的公平理念。异议登记旨在阻断登记的公信力，并不限制登记名义人的处分权，只是在异议登记成立时可使该处分行为归于无效，而此时因第三人可从登记簿中得知异议登记的情况，主观上不存在善意，不值得特殊保护。若异议登记不成立，第三人仍可取得该登记的不动产权利。

更正登记发生错误时，真正权利人可请求名义权利人同意在土地登记簿中更正登记。更正登记请求权的相对人，并非登记机关，而是名义权利人。因此在其不同意更正时，真正权利人必须诉至法院以实现其权利，在诉讼期间，名义权利人仍有可能处分该不动产。为防止恶意处分，权利人可以单方或经名义权利人同意向登记机关申请将异议登记记入登记簿，登记机关可基于诉讼保全或依职权主动地进行异议登记。异议可针对任何记载事项。在德国法律下异议是更正登记的前置程序。

(二)异议登记的效力

异议登记的直接效力，是终止现实登记的权利人按照登记权利的内容行使权利。异议纳入登记后，登记权利的正确性推定作用丧失其效力，第三人也不得以登记的公信力按照登记的内容确定登记的不动产物权。所以，异议登记是对事实上的任何利害关系人利益进行保护的有效措施。异议登记的目的"在于对抗现实登记权利的正确性，及中止不动产登记权利"的正确性推定效力及公信力，以维护事实上的权利人和真正的权利状态。其实质是对现行登记权利人的处分权设置限制，使其在一定的期限内不能按照登记的内容处分不动产物权。

异议登记作为更正登记之前的一种临时性措施，同时具有导致不动产物权处于不稳定状态的消极作用，为使这种不稳定状态不致长期延续，法律必须为异议登记的效力设置期限。

(三)异议登记与预告登记的区别

异议登记与预告登记都属于非常规登记的一种，但两者在功能和制度设计上存在很多不同：

(1)预告登记在于保全债权的请求权，即以不动产物权的得丧、变更、消灭为标的的债权请求权，而异议登记在于保全经登记不动产物权的登记请求权，德国民法称为登记订正请求权；

(2)两者的效力有所不同，预告登记后所为的登记若与其抵触则归于无效，而异议登记则在有理由时其后的登记才归于无效，反之则属有效；

(3)预告登记本身具有公信力，第三人得善意受让，而异议登记无公信力可言，无法善意取得；

(4)在推进本登记的程序上，预告登记应取得利害关系人其承诺书才可为之，而异议登记在有理由时可直接涂销无效的登记，无须征得利害关系人的同意。

三、更正登记

(一)更正登记的原因

更正登记，就是指对不正确的不动产登记予以更正的登记。不正确登记(错误登记)的出现是更正登记产生的前提。关于不正确登记的含义，学界存在不同的理解：一种是狭义的理解，即因登记错误或者遗漏所致的登记簿上的登记与原本的事实状态不符，为不正确登记。另一种是广义的理解，即将因登记错误或者遗漏所致的登记簿上的登记与原本的事实状态不符和因事后的事由致使登记簿上的登记与现在的事实状态不符，均理解为不正确登记。也有学者将不正确登记分为初始的不正确登记和后发的不正确登记，前者是指将事实物权登记为法律物权时，或者追溯到当时，就发生了不正确登记，也即该法律物权从其产生之时或者追溯到产生之时起，就是不正确登记。这种不正确登记，包括因登记人员登记过程中的过失而致的错误或者遗漏登记，因当事人申请过程中的过失而致的不正确登记，因故意的主观心理状态所致的不正确登记，因不动产变动的法律行为欠缺而致的不正确登记。后者指在法律物权登记之初，不动产登记是与事实物权相一致的，但因为登记簿以外的原因使事实物权发生了变化，从而导致法律物权与事实物权不一致，成为不正确登记。此种理解与前述广义的理解无实质性差别。广义的理解过于宽泛，将后发的不正确登记或者因事后的事由致使登记簿上的登记与现在的事实状态不符，致使登记权利人与真正权利人不一致，确定为不正确登记，必将在适用范围上与变更登记发生重合，无疑扩大了更正登记的范围。从严格意义上讲，房地产权利经过登记之后，因为登记簿以外的原因使权利状态发生变化出现与登记物权不符的情况，不是登记本身的问题，与登记的正确与否没有关系，更谈不上登记错误，应属于变更登记的问题，不属于更正登记的范畴。在我国现行登记制度下，更正登记的适用范围，不应建立在广义理解的基础上。根据现行有关法律、法规的规定，更正登记应出现在登记错误发生时，并以登记错误为前提，没有登记错误，就无所谓更正。

(二)更正登记方式

更正登记与异议登记都是保护事实上权利人或真正权利人的法律措施，所不同的是更正登记是彻底终止现实登记权利的正确性推定效力，杜绝第三人依据不动产登记簿取得现实登记的物权。故更正登记是对原登记权利的涂销登记，同时是对真正权利的初始登记。从有关国家和地区的规定来看，更正登记有两种方式：一是经权利人以及利害关系人申请的更正登记。如《瑞士民法典》第 975 条规定："物权的登记不正当，或者正当的登记被不正当地涂销或更改时，其物权受到侵害的人，得诉请更改或涂销该登记。"我国台湾地区"土地登记规则"第 234 条规定："登记人员或利害关系人于登记完毕后，发现登记错误或遗漏时，应申请更正登记。登记机关于报经上级地政机关查明核准后更正之。"二是登记机关依职权自动进行的更正登记。此种方式通常是指登记机关自己发现登记错误自行纠正或权利人及利害关系人怠于提出更正登记申请而自动进行的更正。如《德国土地登记条例》第 82 条规定："在土地权利因所有权人未进行登记而发生转移，从而与土地登记簿上记载的事项不相符时，土地登记局有权要求所有权人或者遗产执行人以及管理土地的人向土地管理机关提出进行更正登记的申请，并完成更正登记的手续。但权利取得人已经提出更正申请的，土地管理局可以不采取上述措施。"

四、我国更正登记适用的范围

我国的《土地登记规则》第 71 条规定，土地登记后，发现错登或漏登的，土地管理部门应当办理更正登记；利害关系人也可以申请更正登记。可见，我国的有关立法是将更正登记的适用范围限定在登记错误或者遗漏。更正登记的方式既可以是登记机关主动所为，又可以应利害关系人申请而进行。而对于因事后的变化致使登记簿上的登记与现在的事实状态不符的问题，则通过变更登记和注销登记来处理。如《城市房屋权属登记管理办法》第 18 条规定，权利人名称变更和房屋现状发生下列情形之一的，权利人应当自事实发生之日起 30 日内申请变更登记：房屋坐落的街道、门牌号或者房屋名称发生变更的；…… 法律、法定的其他情形。该办法第 24 条规定，因房屋灭失、土地使用年限届满、他项权利终止等，权利人应当自事实发生之日起 30 日内申请注销登记。第 25 条规定，有下列情形之一的，登记机关有权注销房屋权属证书：①申报不实的；②涂改房屋权属证书的；③房屋权利灭失，而权利人未在规定的期限内办理房屋权属注销登记的；④因登记机关的工作人员工作失误造成房屋权属登记不实的。国家制定专门的不动产登记法时，应明确界定更正登记与变更登记的适用范围，并正确处理好两者的关系。

第五节　登记申请的审查和登记错误的赔偿责任

众所周知，不动产登记是以登记机关的公信力为不动产交易提供权利确认的基础，登记的内容正确与否不仅影响交易的安全和秩序，而且会对交易当事人或利害关系人产生重要影响甚至造成重大损失。因此，登记机关错误登记致人损害的赔偿制度便成为很多国家和地区不动产登记法律制度的重要内容。《物权法》第 21 条明确规定，因登记错误，给他人造成损害的，登记机关应当承担赔偿责任。物权法的这一规定标志着我国房地产登记赔偿制度的确立。

一、登记机关和登记行为

从国外有关不动产登记的立法来看，不动产登记机关主要有三种，即行政机关、司法机关和其他组织。在德国不动产登记机关就是附属于地方法院系统的土地登记局，在日本为法务局。而在英国登记机关为土地登记局，在美国不动产登记机关为地政登记办公室。我国由于实行房地分管，房地产登记机关也分为土地登记机关和房屋登记机关。显然，它们均属行政机关。登记机关的不同决定了登记行为的性质。对于登记行为的性质，学术界有不同看法。第一种观点认为登记行为属于行政行为。因为办理不动产登记的机关是国家行政主管部门，它对登记申请进行审查和决定准予登记或者不予登记的行为是在行使国家的行政管理权。第二种观点认为登记行为属于证明行为，认为房屋权属管理机关登记的实质是审查买卖双方是否具备办理产权证的条件，对买卖双方履行合同的结果进行确认和公示，而不是对房屋买卖合同的审查和批准。第三种观点认为，我国目前的不动产登记机关虽为行政机关，但不动产登记行为本质上是民事行为，而非行政行为，因不动产登记错误而产生的赔偿责任为民事侵权责任而非国家赔偿责任，因赔偿而启动的诉讼程序应是民事诉讼而非行政诉讼。第一种观点更贴近事物本质，并符合我国的实际情况。

二、登记申请的审查方式

由于各国的历史、文化及法律传统的差异以及登记模式的不同，登记机关对登记申请的审查方式也不尽一致。总的来看，有形式审查和实质审查两种方式。形式审查通常是登记官对登记申请只做形式上的审查。如果申请手续完备，即依照契据的内容记载于登记簿，至于契据上所记载的权利事项是否有瑕疵不予过问。如美国，登记机关只审查文件的类型，以决定是否接受登记。对转让权利文件的合法性或有效性，甚至转让人是否拥有相关的不动产，登记机关不进行判断。登记机关只是作为文件的储藏室，它只是决定什么类型的文件可以储存在哪里，起着"看门人"的作用。实质审查是登记官对登记申请的形式和权利变动的原因是否真实都进行审核。在实质审查情况下，登记机关在接受当事人的登记申请后，登记机关应履行下列职责：①审查申请人提供的相关材料，对有关证明文件的真实性做出判断；②查验申请登记的房地产的实际情况；③对房地产权利设定或转移的合法性予以认定；④对权利来源及权属关系现状进行确认。这些既是登记机关的义务又是登记机关的权力。

实质审查赋予登记机构更大的审查权力，其目的是确保登记的准确性，减少登记错误。因此，登记机构负有更大的责任，在因其过错造成登记错误时，要对因此造成的损失承担赔偿责任。而形式审查，由于仅是形式上的审查，不涉及保证登记真实正确的问题，一般不存在因为登记错误而承担赔偿责任。采取实质审查还是形式审查，主要取决于立法上对登记的公信力的要求。

在我国，虽然长期以来，国家没有建立登记错误赔偿制度，但从现行有关立法及登记实践来看，我国房地产登记的审查形式应为实质审查。我国《土地登记规则》第 14 条规定，土地管理部门应当根据地籍调查和土地定级估价成果，对土地权属、面积、用途、等级、价格等逐宗进行全面审核，填写土地登记审批表。土地登记审批表以宗地为单位填写。两个以上土地使用者共同使用一宗土地的，应当分别填写土地登记审批表。我国《城市房地产管理法》第 61 条规定，以出让或划拨方式取得土地使用权，应当向县级以上地方人民政府土地管理部门申请登记，经县级以上地方人民政府土地管理部门核实，由同级人民政府颁发土地使用权证书。《城市房地产转让管理规定》第 7 条明确规定，房地产管理部门对当事人提交的材料进行审查，核实申报的成交价格，并根据需要对转让的土地进行现场勘查和评估，然后办理房屋权属登记手续，核发土地权属证书。为了保证登记簿的真实性，登记机关的审查方式应采用实质审查，对权利本身存在与否及真实情况做出判断。

三、赔偿责任的归责原则

房地产管理机关对当事人的登记申请进行实质审查本身决定了其对自己违法行使职权或错误登记给申请人及相关利害关系人造成的损失应承担赔偿责任。登记机关是国家机关，以国家公信力为基础为当事人提供不动产交易的安全保障，其因行使职权而给当事人造成的损害，理应属于国家赔偿的范围。《中华人民共和国国家赔偿法》(简称《国家赔偿法》)第 2 条规定，国家机关和国家机关工作人员违法行使职权侵犯公民、法人和其他组织的合法权益造成损害的，受害人有依照本法取得国家赔偿的权利。《物权法》基于对不动产公信力的维护和保障交易安全的目的，建立了实质审查的登记模式，这符合我国的实际需要，但应当建立相应的配套制度，以解决实质审查的弊端，主要是解决实质审查的效率低下问题。为了解决效率低下问题，我国的房地产登记制度可以考虑引入公证制度作为登记的前置程序，由公证机构负责房地产交易的审查核实工作，以弥补实质审查模式的不足。当然，为了减轻登记申请人的负担和强化登记机关的责任意识，应由将来的有关立法明确规定其适用的范围。

登记机关因登记错误而给当事人造成损失的应该承担赔偿责任，是监督和制约登记机关职务行为的客观要求。登记职权是国家权力的组成部分，通过让登记机关对其造成的损害承担赔偿责任，有利于督促登记机关合理谨慎地履行职责。

关于国家登记机关因登记错误承担赔偿责任时应适用何种归责原则，存在不同的主张：

第一种观点主张无过错责任原则。该主张认为国家机关及其工作人员在执行职务中造成损失的，不论行为人是否有过错，都应当由国家机关承担赔偿责任。采用无过错责任有利于受害人获得赔偿救济，相应地也加重了登记机关的责任。在这样的规则标准之下，确定责任的前提不是过错，也不是公平，只是损害事实。这样受害人无须举证证明登记机关存在过错，登记机关也不能以自己没有过错而主张免责。即使是登记机关无过错的违法行为所致的损害，受害人也能够得到赔偿。《国家赔偿法》和《民法总则》基本上都采用了无过错责任原则。深圳市《土地登记条例》第 59 条也规定：登记机关及其工作人员因不当核准登记，造成权利人损失的，登记机关应负赔偿责任。

第二种观点主张适用过错责任原则，持此主张者认为国家机关或者其工作人员执行职务时的故意或过失行为侵犯了公民、法人或其他社会组织合法权益造成损害的，应对其造成的损害承担赔偿责任。如果无过错，则不承担责任。其理由是，《城市房屋权属登记管理办法》第 37 条规定：“因登记机关工作人员工作过失导致登记不当，致使权利人受到经济损失的，登记机关对当事人的直接经济损失负赔偿责任。”珠海市《土地登记条例》第 48 条也规定：“登记机关及其工作人员因工作疏忽，核准登记不当，造成权利人损失的，登记机关应当依法承担赔偿责任。”确立以过错为职务侵权责任成立的条件，不仅可以在兼顾登记机关和受害人利益的基础上最大限度地保护公民和法人的求偿机会和权利，同时也有利于对违反职务者进行教育。由于不动产登记所设金额一般都比较巨大，从我国目前经济发展水平来看，采取无过错责任原则必然增加国家财政负担，影响经济建设。无过错责任原则加重了登记机关的责任，会使登记机关陷于讼累而影响其正常工作。如果国家机关或者其工作人员已经尽到了一般注意义务和特定的职务义务，仍要其承担责任势必影响他们发挥其执行职务的积极性和能动性。因此，我国目前不适宜在不动产登记领域实行无过错责任原则。

第三种观点主张过错推定责任。持此主张者认为，在过错责任原则中，按照“谁主张谁举证”的规则，一般是由受害人举证证明登记机关的行为是一种过错行为，登记机关并不承担证明自己行为不是过错行为的举证责任。但是严格使用此规则将使受害人获取赔偿遇到极大的困难，因此可以采取举证责任倒置的立法技术加强对受害人的保护，使登记机关就相反的事实负举证责任，即实行过错推定。过错推定，是指法律规定行为人侵害他人人身、财产并造成损害的，应负民事责任，但如果加害人能够证明损害不是由于他的过错所致，可以被免除责任。笔者赞成过错责任原则的观点。因为登记行为造成损失，是追究责任的客观依据，但导致这种结果发生的原因是复杂的、多方面的，让登记行为人依过错责任原则承担损失赔偿责任，才能体现承担责任的公平、合理性，并防止赔偿责任扩大化。

四、登记机关损害赔偿的范围

有关登记机关的赔偿责任的限制，大致有两种做法：一是限制赔偿的范围；二是设定最高赔偿额。从国外和我国台湾、香港地区的有关规定来看，德国对此设有专门的赔偿金以弥补公信力制度可能造成的对真实权利人利益损害的缺陷。根据我国台湾地区《土地登记规则》第 68 条规定，因登记错误、遗漏或虚伪致受损害，由该“地政机关”负损害赔偿责任，但该“地政机关”证明其原因应归责于受害人时不在此限。有的国家通过设定最高赔偿额来限定登记机关损害赔偿的范围。如澳大利亚新南威尔士州 2000 年修订其《不动产法》，将其登记机关赔偿责任的最高额定为 10 万美元。我国香港特别行政区的《土地业权条例》第 83 条第 1 款规定因欺诈登记所引起的损害赔偿最多只能从登记机关所设立的赔偿基金获得 3 000 万港元的赔偿。限制赔偿范围固然可以减轻登记机关的赔偿责任，在赔偿范围内不论实际损害的数额多少，登记机关均须赔偿；设定最高赔偿额则与此不同，只要在赔偿下限额之内，不论是直接损失抑或间接损失，登记机关均须承担赔偿责任。

可见，两种做法各有利弊。

目前我国土地登记机关对登记错误承担赔偿责任的范围主要以直接损失为限。这种赔偿责任范围在现阶段与我国的国情相适应，但随着有关法律、法规的日益完善及国家财政负担能力的提高，今后立法时可以考虑扩大赔偿责任的范围，使因错误登记而受损失者得到充分的赔偿。

关于赔偿金的来源，各国家和地区通常设有专门款项。如德国和瑞士专门设立登记赔偿基金以弥补可能造成的真正权利人利益的损害。英国于所收登记费中，提拨一部分为赔偿基金。我国台湾地区规定："地政机关所收登记费，应提存10%作为登记储金，专备赔偿之用。如因登记人员重大过失所致者，由该人员偿还，拨归登记储金。损害赔偿之请求，如经该地政机关拒绝，受害人得向司法机关起诉。"德国在"1910年5月22日命令"第1项和"1933年6月30日法律"第4条对此做了规定，设立了专门的登记补偿基金。

我国深圳地区在不动产登记中已经率先在我国采用赔偿基金的模式，其登记费的收入列入登记机关的业务经费和赔偿基金，赔偿费则从赔偿基金中列支，我国今后不动产登记立法中也应借鉴此模式设立专门的赔偿基金。对于登记赔偿基金，应由登记申请人缴纳，但是在建立基金储备之前可以由政府提供部分贷款，以应对前期的索赔。此外，为了保证该基金数额的充足，分散登记机关赔偿责任的风险，减轻其赔偿责任的负担，登记机关可以向相应的保险机构投保责任险。

五、登记机关工作人员的责任

如前所述，因不动产登记致人损害大多是登记机关工作人员或者其他第三人的过错行为所致，登记机关工作人员或者该第三人是直接的行为人，由他们承担赔偿责任方符合公平原则。直接责任人承担责任的方式大致有两种模式：

(1)根据未实行国家赔偿的托伦斯法，因登记错误、遗漏或虚假的受害人，应先向有过失或错误之登记权利人或承办登记人员要求赔偿，如应赔偿的人死亡、破产或无力赔偿，或不在管辖范围内时，则应向登记机关请求赔偿。也就是说，因不动产登记引起的赔偿责任先由直接行为人承担，登记机关只在某些特定的条件下才承担赔偿责任。

(2)在将登记机关作为国家机关并实行登记机关国家赔偿制度的国家，受害人可以直接向登记机关请求赔偿，登记机关在承担赔偿责任后，再向直接行为人进行追偿。

关于登记工作人员的赔偿责任，固然可以通过追偿得以落实，但登记机关工作人员的经济能力有限，承担责任的能力具有很大局限性，如果让直接行为人承担一切责任，就会使其在工作中犹豫不决，为避免承担责任而怠于行使职权，甚至推诿工作，影响工作效率。因此，对直接行为人的追偿责任，应视其有无过错及过错大小而定。如果直接行为人对导致赔偿的登记错误，有违法行为，存在故意或重大过失，其个人应负赔偿责任；如果直接行为人在登记实施登记行为时，尽了应有的注意义务，又没有明显的主观过错，则应免除或减轻其赔偿责任；而对于第三人过错造成损失的，致错方也应承担相应的赔偿责任。这样更有利于赔偿责任的公平负担，也比较符合我国的国情。

第五章　商品房预售研究

商品房预售，对于卖方而言，可以加速资金周转、降低资金成本；对于买方来说，也可大幅减轻其支付压力，故而商品房预售为房地产开发企业所广泛采纳，也为普通大众所乐于接受，成为我国商品房买卖的一种主流形式。从商品房预售的交易过程来看，预售合同履行的长期性决定了商品房预售本身具有较大的风险，不确定因素较多；从商品房预售的交易主体来看，预售人和预购人之间在交易信息、经济实力等方面的悬殊差距使预购人在预售人面前显得势单力薄，其权益极易受到来自预售人的侵害；从商品房预售的外部环境来看，相关立法的滞后和预售主管机关的监管不力更助长了各种侵害预购人权益的不法行为。正视商品房预售中出现的问题，在我国现行的法律体系下，建立和完善现行商品房预售制度具有重要的现实意义。

第一节　商品房预售制度概述

一、商品房预售及商品房预售制度

(一)商品房预售

商品房预售，又称期房买卖，是指预售方(房地产开发经营企业)将正在建设且尚未竣工的房屋预先出售给预购方，预购方交付定金或购房款，并在合同约定的日期将预售房屋交付给预购方的一种法律行为。商品房预售在1954年首创于我国香港地区。当时，香港立信置业公司最先推出楼宇“分层售卖、分期付款”的销售方式。由于房屋尚在施工中便被“拆零砸碎”，分期、分批地出售给广大房屋消费者，有如落英片片坠落，故商品房预售又被称为“卖楼花”。商品房预售，一方面使预购方避免一次性支出巨额房款的经济负担，另一方面为房地产开发商筹措了工程建设款，用以解决其资金的不足，因此，商品房预售对预售人和预购人都具有十分积极的作用，现已成为商品房买卖的一种主流形式，是一种与现房买卖相对应的房屋买卖形式。商品房预售的标的具有特殊性，预售方在合同订立之时，标的物——房屋尚未现实存在，有人据此主张房屋现实存在与否是商品房预售与现房买卖的最大区别。笔者认为，房屋是否现实存在，只是两者的标的物在物理形态上的差别，不足以体现两者的本质区别。预售房的特殊性在于，预售商品房在从动产到不动产的形成过程中使用了买卖双方的建设资金，而不仅仅是某一方的资金。实践中出现的所谓“零首付”的预售，使用的建设资金不由预购人提供，并非真正意义上的预售。因此只能视为开发商招揽买家的营销手段，更因其房屋质量难以保证且易诱发不正当竞争。

在预售条件下，预购人只获得预售商品房的期待权。以权利成立要件是否全部具备为标准，民事权利可以分为既得权和期待权。既得权是成立要件已全部具备，权利主体已实际得到的民事权利，一般的权利都是既得权。期待权是只具备部分成立要件，须待其他要件具备时，才能实际发生的民事权利，又称“生成过程中的权利”。法律确认期待权的目的在于对生成过程中的权利给予提前保护，以稳定既存的社会关系。在商品房预售中，预售商品房的交付及所有权的转移时间不是在签订预售合同之时，而是约定在将来的某一特定日期，待约定的日期到来之时，预售人才将预售商品房交付预购人并协助其取得预售商品房的所有权，此时预售商品房的所有权才实际发生转移。因此，商品房预售具有风险性。预售商品房的开发从开发商取得土地使用权到建成交付预购人使用，通常都要 1～2 年的时间，某些大型的开发项目所用的时间会更长。由于合同的履行周期长，加之预售商品房价格受市场影响波动较大，因此容易诱发开发商的投机心理，引发纠纷。按照经济学的观点，较长的期间意味着较大的风险，因此，无论对预售人还是预购人而言，商品房预售较之一般房屋买卖有更大的风险。

（二）商品房预售制度

实践已经证明，放任自流的“楼花”交易必然会导致房地产交易中的过分投机、欺诈等违法行为。我国政府对商品房预售交易一直持谨慎的态度，有关调控商品房预售交易的法律，都对其进行了必要的法律管制，体现了较强的国家干预性。其具体表现在：

1. 预售许可制度

商品房预售主要有开发企业自行销售和开发企业委托中介机构销售两种情况。自行销售的开发企业必须具有独立法人资格，取得房地产开发主管部门核发的资质证书。委托房地产中介服务机构进行商品房预售的，房地产开发企业对中介服务机构的销售行为承担责任，受委托的房地产中介服务机构必须取得相应的资格。房地产中介服务机构在预售商品房或进行商品房预售宣传时，要出示房地产开发企业的委托书，委托书必须载明委托单位的权限。此外商品房预售的开发企业还必须满足《城市房地产管理法》对预售商品房主体资格所做的严格限定：

(1)预售方必须是经土地管理部门核准，已全部交付土地使用权出让金，取得了预售商品房开发项目的土地使用权；

(2)预售商品房的开发项目已经由当地计划管理部门立项，并已申领固定资产投资许可证；

(3)持有建设工程规划许可证；

(4)按提供预售的商品房计算，投入开发建设的资金达到工程建设总投资的25%以上，并已确定施工进度和竣工交付日期；

(5)预售方已向县级以上人民政府房地产管理部门办理预售登记，取得了“商品房预售许可证”。

在实践中有以下两个问题：

一是开发商在没有取得预售许可证的情况下预售商品房，该销售行为是否有效呢？按法理解释，开发商在没有取得预售许可证的情况下预售商品房，实际上属于企业法人超越经营范围订立合同。最高人民法院《关于适用〈中华人民共和国合同法〉若干问题的解释(一)》第10条专门就此做出规定：“当事人超越经营范围订立合同，人民法院不因此认定合同无效，但是违反国家限制经营、特许经营以及法律、行政法规禁止经营规定的除外。”既然我国法律规定了商品房预售应当具备的条件，那么，商品房预售应当属于国家特许经营的范围，因此，可以把商品房的预售看作一种需要政府发放许可证的特许经营行为，开发商在没有取得预售许可证的情况下，与买受人签订的预售合同因违法而无效。2003年5月7日最高人民法院《关于审理商品房买卖合同纠纷案件适用法律若干问题的解释》第2条规定：“出卖人未取得商品房预售许可证明，与买受人订立的商品房预售合同，应当认定无效，但是，在起诉前取得商品房预售许可证明的，可以认定有效。”该司法解释规定法院只审查开发商有无预售许可证明，以区分司法审判权与行政管理权的不同职能。在认定预售商品房合同纠纷的效力方面则采用了折中的做法。

二是开发企业在未取得“商品房预售许可证”的情况下，采取“放号”等方式让消费者订购商品房，与购房者签订“认购卡”“确认卡”“派筹卡”或是发放“VIP卡”“认筹消费卡”等形式的订购协议，向消费者收取包括“定金”“订金”“预订金”“诚意金”“诚信金”等各种名目的具有预付款性质的费用是否合法？在2006年7月10日，建设部、发改委、工商总局联合发出《关于进一步整顿规范房地产交易秩序的通知》规定，未取得商品房预售许可证的项目，不得非法预售商品房，也不得以认购、认筹、收取预订款等各种形式变相预售商品房。全国不少的省、自治区、直辖市的国土房管局、工商局、银监局联合发出通知，凡未取得商品房预售许可证就进行商品房预售，或未取得商品房预售许可证而采取“认定、登记、选号、发放会员卡”等方式收取预售资金，变相预售商品房，以及借商品房销售名义进行非法集资等行为，都将受到严厉查处。

2. 商品房预售合同登记备案制度

《城市商品房预售管理办法》第10条规定：“商品房预售，开发企业应当与承购人签订商品房预售合同。开发企业应当自签约之日起30日内，向房地产管理部门和市、县人民政府土地管理部门办理商品房预售合同登记备案手续。”第13条规定：“开发企业没有办理预售登记，取得商品房预售许可证明预售商品房的，责令停止预售、补办手续、没收违法所得，并可处以已收取的预付款1%以下的罚款。”实行商品房预售合同登记备案制度，是商品房预售中的必要环节，有助于对销售行为进行监督，但其登记备案不是合同的生效要件。最高人民法院《关于审理商品房买卖合同纠纷案件适用法律若干问题的解释》第6条规定：“当事人以商品房预售合同未按照法律、行政法规规定办理登记备案手续为由，请求确认合同无效的，不予支持。当事人约定以办理登记备案手续为商品房预售合同生效条件的，从其约定，但当事人一方已经履行主要义务，对方接受的除外。”最高人民法院《关于适用〈中华人民共和国合同法〉若干问题的解释(一)》第9条规定：“法律、行政法规规定应当办理登记手续，但未规定登记后生效的，当事人未办理登记手续不影响合同的效力，合同标的物所有权及其他物权不能转移。”

3. 商品房预售交易价格申报登记制度

《城市房地产开发管理暂行办法》第22条规定：“预售商品房的，应当在结算之日起15日内将成交价格如实向主管部门申报。”实行商品房预售交易价格申报登记制度，有助于国家加强对房屋买卖的税收征收管理，以实施必要的宏观调控。

4. 预售商品房权属登记制度

《城市房地产开发管理暂行办法》第25条规定：“预售的商品房由购买人在结算之日起30日内办理房地产权属登记手续。”实行期房买卖权属登记制度，既有利于国家加强对各类土地和房屋的有效管理，又可通过登记防止预售商品房交易中的各种违法行为。

5. 商品房预售款专用制度

《城市房地产管理法》第45条第3款规定：“商品房预售所得款项，必须用于有关的工程建设。”《城市商品房预售管理办法》第11条也做出相同的规定，同时还要求“城市、县房地产管理部门应当制定对商品房预售款监管的有关制度”。根据商品房预售款专用制度的规定，在工程竣工之前，开发商只能将预售款用于有关的工程建设，不得挪作他用，以确保开发商有足够的资金用于工程建设，以保证工程项目能按期竣工。

二、商品房预售的功能

商品房预售的功能主要体现在以下两方面：一是融资功能。房地产开发商通过预售筹集了大量建设资金，并节约了筹资费用，加快了资金的回笼过程，减轻了借贷压力，而且大大推动了商品房的销售，现今预售已经演变成开发企业的主要融资手段。我国现在房地产业开发资金的主要来源有三块：一块是开发商自有资金，按照规定开发商自有资金应该达到项目开发资金的35%；另一块是银行贷款，还有一块，是开发商的预售回款，约占总量的40%。二是获得优惠的售房价格和升值收益。从房地产开发商发售“楼花”到房屋竣工交付之间尚有一段较长时间，买“楼花”时的房价与正式竣工时的房价之间可能形成差价，这个差价既可以促使买受人尽快进入市场，也为买受人投资增添了一条新的途径。

三、商品房预售的形式

商品房预售的形式按交款额度划分主要有以下两种基本形式：

(一)全款预售

全款预售就是在项目未完工交付使用之前预收全部房款，其中又可以分为两种具体方式：

(1)在项目动工前就已将房款全部预收，这种方式大都是在预收款上给予优惠，优惠幅度为5%左右。建设中的公寓、别墅、写字楼及外商投资的成片开发小区经常采取此种方式。预收全款对企业大有好处，既保证了建设资金一次性全部到位，而且还可以获得资金暂时闲置的利息。同时，这部分利息又以优惠的条件让渡给客户。

(2)在建设过程中分阶段付款，在开工之前先付一部分款，在建设过程中再付余下部分。这种付款方式与房地产开发的进度、资金投入时间阶段基本一致，也能基本上保证资金的供应。这种方式的关键在于首期付款的比例，首期付款越高，条件越优惠，一般首期付款都在30%左右。有的企业为了能尽快地销售出其房地产，在开工前，首期也可以只付10%。另外，这种方式还与付款的阶段有关，可以将付款期分为数个阶段，这样，有利于客户筹集资金。许多企业将其分为两个或三个阶段，即首期、中期及末期。

(二)预收部分房款

预收部分房款就是在房屋建成之前，只预收全部房款的一部分，余下部分在房屋交付使用时或交付使用后的一定期限内付清。目前，我国的预售商品房建设按国家规定预收款应采用此方式。

四、预售制度的产生和发展

1953年，我国香港地区住房严重不足，需求庞大。时年30岁的霍英东成立立信置业有限公司，一改当时的现楼销售政策，提出"预售楼花"，并提倡分期付款；随后其他房地产商纷纷仿效，成为香港房地产市场的一大经营特色。从1955年到1965年10年间，香港房地产业蓬勃发展。炒楼花也因此被外国人戏称为"中国人的第五大发明"，并波及东南亚地区，之后传入内地。自20世纪80年代开始，我国沿海地区率先引进香港售卖楼花的通行做法，在一些地方性法规中相继出现有关商品房预售的规定，但是，多数以暂行办法或试行办法的形式出现。如1985年颁布的《铜川市商品住宅试行办法》，1987年颁布的《无锡市城市房屋综合若干问题的暂行办法》等。这些早期的地方性规范性文件明确规定了商品房可以预售，但是，未明确预售的条件。时至20世纪80年代末90年代初，在国务院有关部委的批示和部分省市有关房地产开发的综合性地方法规中，才开始规定了商品房预售的实质条件和程序条件。但各地的操作规定也不尽相同，甚至区别较大。如1989年广州市司法局、房管局颁布的《关于开发公司有偿转让土地和预售商品房均须办理公证手续的通知》，1992年颁布的《广东省珠海经济特区房地产管理条例》《北京市政府关于外商投资开发经营房地产的若干规定》《江西省昌九工业走廊房地产开发经营管理规定》等。广东省原建设厅颁布的《关于调整我省预售商品房项目工程形象进度条件的通知》等，对商品房预售的条件进一步提高和完善，以期尽量杜绝"烂尾楼"的出现，维护社会的稳定。经过20多年的发展，我国内地商品房预售取得了长足的发展，成为我国房地产开发企业普遍采用的销售方式的合理配置，尤其对于弥补房地产业投资多、风险大、周期长、回收慢的缺陷具有非常重要的意义。近年来，一些大的开发商通过内部认购、预售来累积大部分的开发资金，并分期逐步抬高楼价，从而使内部认购楼花的人就可得到稳健的回报。这些内部认购的人一般在9个月内就能得到约15%的回报率，这样的回报使他们追随开发商的新项目，而开发商又可以无息使用这部分资金。这部分资金缓解了开发商的资金压力，在房地产开发中的重要性比银行贷款更大。由于监管的失控，这些年来，出现了开发商囤积土地、压盘的现象，预售商品房交易领域成为消费者投诉的主要对象，如虚假广告、一房多卖、预售房重复抵押、不能过户、烂尾楼、开发商携款潜逃，等等。有人认为商品房预售是产生这些问题的罪魁祸首，并提出了废除预售制度的观点。

第二节　商品房预售合同问题

一、广告与预售合同

广告一词源于拉丁语 Advertere，意指“唤起大众对某种事物的注意，并诱导于一定的方向所使用的一种手段”。广告首先被视为要约邀请，而非要约本身，《中华人民共和国合同法》(简称《合同法》)第 15 条规定，寄送的价目表、拍卖公告、招标公告、招股说明书、商业广告等为要约邀请。开发商对预售商品房效果图、沙盘模型展示、宣传画册以及媒体宣传等都能唤起大众对商品房的注意，是一种明显的广告宣传，应属要约邀请，即邀请或引诱对方与自己订立合同，在法律上无约束力。购房人发现建成房屋与预售广告中宣传内容不符，不能基于该广告而追究开发商的违约责任，只能根据广告法的有关规定追究广告商或开发商发布虚假广告的责任。我国广告法规定，发布虚假广告，使消费者合法权益受到损害的，由广告主体依法承担民事责任，广告经营者、广告发布者明知或应知广告虚假仍设计、制作、发布的，应当依法承担连带责任。但是，广告中所表述的交易条件一旦具体明确，不仅成为人们交易的直接动因，而且事实上也与合同条款起同样的作用，这种足以形成合同实质性条款的明确具体的广告内容，许多国家和地区的法律都将其确定为要约，一旦相对人承诺，即赋予该广告以要约的效力。我国也不例外，在《合同法》第 15 条中规定：“商业广告的内容符合要约规定的，视为要约。”

商品房预售合同是指商品房预售方和预购方双方约定，预售方在约定时间内将建成的预售商品房所有权转移于预购方，预购方向预售方交付定金或部分房款并按期接受预售商品房的书面协议。商品房预售合同以建造中的房屋为标的物，属于买卖合同的一种，但商品房预售合同与一般买卖合同又有所不同，它是一种实物期权合同。期权，也就是期待权，具有一种物上的期待利益，也就是取得物权的某些条件已经实现，而另一些条件还未成就的情形。期权是种衍生产品，其利益(价值)是以标的资产的价格为基础的。就期权的标的资产来看，可以分为：金融期权，如股票、债券、货币等；实物期权，如土地、房屋、设备等。在预售商品房买卖过程中，购房者交付了定金或预付款后，就享有这个期待权——在将来一定日期内拥有房屋的所有权，而房地产开发商在接受了定金或预付款后，就负有到期进行房屋产权转让的义务。由此观之，预售合同的性质应归结为实物期权合同。

由于预售商品房交易标的价格的差异性、因素复杂性、交易标的未来性，使得对于预售广告仅凭《合同法》第14条、第15条来确定广告的效力，不太容易，要依照相关民法学原理和司法解释，从多方位考虑。

(1)如果房地产开发商在预售广告中做出根本无法实现的承诺，如许诺某些根本无法批准的配套设施，则属于缔约过程中的民事欺诈行为。《合同法》规定，当事人在订立合同过程中故意隐瞒与订立合同有关的重要事实、提供虚假情况或者有其他违背诚实信用原则的行为，给对方造成损失的，应当承担赔偿责任。购房人可据此要求开发商承担缔约过失的责任。

(2)2003年3月24日的最高人民法院《关于审理商品房买卖合同纠纷案件适用法律若干问题的解释》第3条，专门对预售商品房销售广告的合同效力做了规定："商品房的销售广告和宣传资料为要约邀请，但是出卖人就商品房开发规划范围内的房屋及相关设施所做的说明和允诺具体确定，并对商品房买卖合同的订立以及房屋价格的确定有重大影响的，应当视为要约。该说明和允诺即使未载入商品房买卖合同，当事人违反的，应当承担违约责任。"

二、认购协议

认购协议是预售商品房买卖双方当事人在签署商品房预售合同或预售商品房现房买卖合同前所签订的协议，是对双方买卖预售商品房有关事宜的初步确认。实践中认购协议的内容一般包括双方当事人的基本情况、预售商品房的基本情况(如房屋位置、面积状况等)、价款计算、签署合同的时限规定及定金条款等。虽然最高人民法院《关于审理预售商品房买卖合同纠纷案件适用法律若干问题的解释》中对认购协议做出一些规定，但由于其中仅有两条条文涉及这个问题，内容简略，因此，在理论上与实践中都对预售商品房买卖认购协议的性质存在巨大的分歧和争议。

(一)认购协议的法律性质

近年来，理论界对认购协议的法律性质一直存有争议：

(1)担保说。该观点认为，签订认购协议的主要目的是担保将来买卖合同的订立，认购协议中主要内容为定金条款，其内容符合我国担保法的有关规定。

(2)从合同说。该观点认为，认购协议相对于买卖合同而言，具有从属性，是买卖合同的从合同，两者之间存在一种制约关系。

(3)意向说。该观点认为，认购协议是当事人洽谈房屋买卖事项形成的初步文件，双方仅达成合意的初步意向，不具有法律效力。

(4)附条件的民事法律行为说。该观点认为预售商品房买卖双方签订认购协议时常常对交房的日期、办理房屋产权证书的期限、预售商品房质量标准等不能确认，约定在签约条件成就时双方再签订正式的预售商品房买卖合同，故认购协议的性质是附条件的预售商品房买卖合同，其实质是待到认购协议约定条件达成时正式的预售商品房买卖合同才生效。

(5)预约说。该观点认为认购协议的合同性质为预约合同，是一份独立有效的合同，因为签订认购协议时，预售商品房买卖行为还未发生，还处在预售商品房买卖前契约阶段，而签订认购协议则属于预售商品房买卖前契约阶段所实施的民事行为，其目的在于将来订立预售商品房买卖合同。

认购协议与正式的预售商品房买卖合同的关系为预约与本约的关系。在合同分类中，存在本约与预约之分。民法理论认为预约是指将来订立一定契约的契约，或者认为它是当事人一方或双方为将来订立确定性合同达成的书面允诺或协议。尽管我国现行立法没有规定预约制度，但基于契约自由的精神，不应否认交易双方以订立预约的方式为订立本约做准备，认购协议即一类非常典型的预约。首先，认购协议是平等主体间为设立预售商品房买卖权利义务订立的协议，符合《合同法》第 2 条关于“合同”的定义，为独立合同，既不同于因缺乏合意而不具有法律效力的要约，也不同于缺乏明确意思的初步意向。预售商品房认购协议的成立、生效、变更并不以预售商品房买卖合同为基础，其本身具有独立性，只要双方当事人意思表示不存在瑕疵，不违反法律禁止性规定，认购协议即应认定为有效。其次，认购协议主要是对签订正式买卖合同的相关事宜进行约定，并非直接确认预售商品房买卖的结果，且订立认购协议时，买卖合同的签订条件大多尚不具备、时机尚未成熟，存在缺失条款和不确定条款，需待条件成熟后再予以填充和确定，故认购协议在通常情形下不能等同于正式的买卖合同。最后，担保合同作为从合同，以主合同的有效成立为前提，而认购协议签订时，正式的预售商品房买卖合同并未成立，而买卖合同一旦成立后，认购协议即失去法律效力，故将认购协议认定为担保合同或从合同显然不当。

(二)司法解释的认定

最高人民法院《关于审理商品房买卖合同纠纷案件适用法律若干问题的解释》第 5 条规定：“商品房的认购、订购、预订等协议具备《商品房销售管理办法》第 16 条规定的预售商品房买卖合同的主要内容，并且出卖人已经按照约定收受购房款的，该协议应当认定为商品房买卖合同。”该条款规定了将认购协议直接认定为买卖合同(本约)的两个条件：一是认购协议内容《预售商品房销售管理办法》第 16 条的主要内容；二是出卖人已按约收受购房款。《商品房销售管理办法》第 16 条中包括了 13 项预售商品房买卖合同的主要内容，认购协议一旦符合了这些内容，即具备了预售商品房现实交易的可能性，克服了预约转化为本约过程中存在的事实或法律上的障碍，因而没有再签订本约的必要。在此情形下，认购协议在性质上不再是预约，而应直接认定为本约。至于“出卖人已按约定收受购房款”，表明认购协议已进入实际履行阶段。最高人民法院认为将“出卖人已按约定收受购房款”作为预售商品房买卖合同成立的要件之一，主要考虑到预售商品房交易实务中，出卖人与买受人签订认购协议多是订有日后再签订正式买卖合同的条款，尽管认购协议具备本约内容，但合同当事人的真实意思是签订预约合同，故附加买受人交纳全部或部分房款的合同才转化为正式的预售商品房买卖合同，以此方式区分预约和本约，符合我国预售商品房销售市场的实际情况，也符合预约合同理论的逐步完善。

(三)认购协议效力的认定

关于预约的法律效力，理论界存在两种观点：“必须磋商说”和“必须缔约说”。“必须磋商说”是指当事人之间一旦缔结预约，双方就负有在未来某个时候为达成本约而进行磋商的义务，只要当事人为缔结本约进行了磋商，即履行了预约义务，而最终本约是否成功缔结则非其所问。“必须缔约说”则认为预约的效力就是缔结本约，故当事人仅仅为缔结本约而进行磋商是不够的，还必须达成本约，否则预约毫无意义，而且容易诱发恶意缔约的道德风险。认购协议的效力应根据情况的不同，做如下认定：

(1)如果认购协议内容尚不包括预售买卖合同主要内容，采用“必须磋商说”较为合理。因为此时双方对买卖合同主要内容仍未达成共识，认购书只能约束双方在约定时间内就订立买卖合同尽诚信义务磋商，而难以约束其必须订立买卖合同。双方经诚信磋商后难以达成一致的，任何一方不应视为违约；反之，可要求其承担责任。

(2)如果认购书协议已包括买卖合同的主要内容，采用“必须缔约说”较为合理。因为双方除了对约定时间后订立买卖合同达成合意之外，就买卖合同主要内容亦达成了一致，订约可能性极大，应视为当事人在很大程度上已同意受认购书中条款约束。任何一方恶意拒绝缔约、对买卖条款反悔或缔约中违反诚信原则的，都应承担责任；而认购书签订后至买卖合同签订前的签约条件发生了客观变化，如一方丧失了缔约能力等，可按照情势变更原则加以解决。

(3)如果认购书内容具备《商品房销售管理办法》第 16 条规定的买卖合同主要内容，且预售人已按约收受购房款，此认购书应直接认定为买卖合同，双方可按认购书中主要内容直接履行并要求对方相应履行。

(4)预售人在楼盘项目未取得商品房预售许可证前就开始进行认购，并与客户签订认购书，这种做法被称为内部认购。根据《城市房地产管理法》第 45 条规定，预售商品房应当符合的条件中包括取得商品房预售许可证明的形式条件与其他实质条件，即取得商品房预售许可证是预售商品房的强制性规定。根据《合同法》第52条规定，违反法律、法规的强制性规定的合同无效。因此，未取得预售许可证前所订立的认购书属于违反法律强制性规定的无效合同。

(四)违反认购协议的责任认定

购房者与房产商签订认购协议后，如依诚信原则磋商后仍无法就买卖合同条款达成一致，或因不可归责双方的事由致无法签订正式合同，不应认定当事人存在违约行为。如当事人对生效认购书中达成一致的内容反悔，未尽诚信义务磋商，恶意磋商、隐瞒与订立合同有关的重要事实或提供虚假情况，或有其他违背诚信原则的行为导致买卖合同未订立，则构成对认购书的违反，应承担相应的法律责任。

三、关于商品房预售合同登记备案的效力

关于商品房预售合同登记备案的性质理论上存在两种观点：

(1)商品房预售合同登记备案不是预告登记制度，而是房地产管理机关的一项行政管理手段。《城市房地产管理法》第45条第2款规定："商品房预售人应当按照国家有关规定将预售合同报县级以上人民政府房产管理部门和土地管理部门登记备案。"我国商品房预售登记备案制度大多在行政法规或部门行政规章中确立的主要目的在于，从宏观上了解商品房开发和预售的市场情况，以便为规范和调控整个商品房预售市场提供依据，保障商品房预售资金的正确使用，间接维护购房人的利益。

(2)我国商品房预售合同登记备案制度就是预告登记制度。商品房预售合同登记备案具有事实上限制商品房预售人将已出售商品房再行出售或抵押的效力，在实践中，开发商与购房人签订商品房预售合同并到房地产登记管理部门办理预售登记后，开发商就不能将该商品房再行转让，即使转让，第二手购房人也不能取得房屋所有权，而只能向开发商主张违约赔偿。实践中我国商品房预售登记备案制度已具有预告登记制度的效力，应视为预告登记制度。一些地方性法规已对预告登记制度做了规定。如《南京市城镇房屋权属登记条例》规定："预购商品房、约定优先购买权和约定回购房屋的，当事人可凭合同书或者房屋所有权人的承诺书申请预告登记。"

四、预售合同中的欺诈行为及其认定

根据我国相关法律规定，欺诈行为是指一方当事人故意告知对方虚假情况，或者故意隐瞒真实情况，诱使对方当事人做出错误意思表示的行为，由于预售商

品房交易是一种实物期权交易的法律行为，加之其客体具有不可移动的特性，从开发资格的申请、房屋的设计到房屋的建造、竣工交付、产权的审查登记转移等一系列环节中，任何一个环节出现欺诈，都会给双方当事人造成重大损失，加之，预购人与预售人之间的信息不对等，预购人受到欺诈的可能性极大，危害后果严重，商品房预售合同中常见的欺诈行为主要表现在：

(1)故意隐瞒没有取得商品房预售许可证的事实或者提供虚假商品房预售许可证。《城市商品房预售管理办法》第 9 条规定："开发企业进行商品房预售，应当向承购人出示《商品房预售许可证》。售楼广告和说明书必须载明《商品房预售许可证》的批准文号。"开发商没有按照该规定向买受人出示和没有在售楼广告和说明书中载明《商品房预售许可证》的批准文号，均应当认定为"故意隐瞒"行为。

(2)故意处置购房者权利的行为。如出卖人未告知买受人又将该房屋抵押给第三人，或者出卖人又将该房屋出卖给第三人，未经购房人许可抵押他人房屋产权，故意隐瞒所售房屋为拆迁补偿安置房屋的事实，故意隐瞒所售房屋已保全的事实，出售法院封存的房产等。

(3)故意隐瞒房屋的实测面积。通常出现的情况有两种：一是交房后实际测量的面积大于或小于合同约定的面积；二是公共面积分摊比率过高，购房者实际使用面积缩小。

(4)虚假广告。如不具备销售条件，擅自通过媒体或展销会等形式发布房地产广告的行为；未取得《商品房预售许可证》，以"内部认购""内部认订""内部登记"等名目发布广告；盗用其他项目预售许可证进行广告宣传的行为；发布虚假广告或广告中含有虚假内容的行为；承诺与实际不符或无法兑现的内容的行为；广告内容不规范，包括未按规定刊登预售许可证号或刊登虚假预售许可证号、使用《房地产广告管理规定》禁止的广告用语、广告中含有升值或投资回报的承诺、未按规定的要求明示价格、面积等内容的行为。

第三节　我国商品房预售立法现状及存在的问题

一、预购人风险问题

由于交易双方所掌握的信息不对称，掌握私有信息的一方就会利用对方信息的缺失为自己谋取利益。这种现象在商品房预售中是极为常见的。由于预售人拥有远多于预购人的信息资源和远强于后者的经济实力，加之商品房预售本身具有很强的专业性，预购人往往处于弱势地位，面对强大的预售人，预购人往往显得势单力薄，其权益极易受到预售人的侵害，其主要风险表现在：

(一)商品房预售人的欺诈行为

预售人在商品房预售中的欺诈行为主要表现在：在商品房预售广告中进行虚假宣传；隐瞒自己没有开发资格或未取得商品房预售许可证的事实等。

(二)商品房预售人的违约行为

商品房预售中预售人的违约行为主要表现为下列几种情况：

(1)预售人再转让预售商品房，即“一房多卖”。

(2)预售人逾期交楼。预售人逾期交楼是预售人超过预售合同规定的期限交付商品房的行为，逾期交楼在商品房预售中极为常见，其包括逾期但已交楼，逾期但尚未交楼。

(3)预售人逾期无法交楼。无法交楼是指预售人超过合同规定的期限而不能履行交付商品房的义务。它与前述逾期交楼的最大区别在于：逾期交楼是指预售人客观上有履约能力而未按时履行；逾期无法交楼则是指预售人在客观上已陷入履行不能。实践中，造成逾期无法交楼的原因主要是预售人将工程款项挪作他用，突出表现为预售人违法将预售款转向投入其他项目或其他行业。

(4)擅自变更建筑设计。变更建筑设计包括一般变更和重大变更两种情况。重大变更，解释上凡认为对预购人的利益有实质性影响的，均应属重大变更。至于何种程度的变更会导致对预购人的利益产生实质性影响，一般有以下两点：其一，凡对居住者的使用带来不便的变更应认为具有实质性影响，而局部的细微调整，只要不影响其使用效果，则不宜认定为具有实质性影响。其二，预购人的居住利益应是广泛的，它不仅仅是预售合同的标的物——特定商品房，还应包括由此产生的居住环境的利益。因此，如果预售人擅自增加楼房层数或是增加建筑物的数量，导致住户数量的增加，就会直接影响到预购人的居住舒适度、心理满足感等居住利益进而影响到合同目的实现。

(5)商品房质量问题。造成商品房质量问题的原因多种多样，但无论何种原因造成的质量问题都因其具有事后性，预购人在发现预售人违约后往往很难得到有效救济。

二、质量达不到合同要求

(一)质量达不到合同要求的原因

1. 施工企业资质和技术问题

目前，施工企业中，具有一级资质的约占5%，二级资质约占15%，三、四级资质的约占80%；材料、设备的技术水平低，建筑材料的合格率不高。我国现有的众建筑业从业人员中，很大一部分为农民工，有的建筑现场甚至90%都是农民工，远远不能满足工程质量管理的需要。

2. 运行体系不佳

开发商、设计单位、施工单位、监理单位、材料设备供应单位等建筑市场各方行为主体未形成相互协作的健康运行体系。一些地方保护性质的政策、条文等地方性法规，导致条块分割、条条分割、块块分割的现象依然存在。

3. 压低造价

在地价偏高、住宅建设成本相应提高的情况下，一些开发商为了保证利润的获取，又不至于房价提高缺乏竞争力，通常采取压低造价的途径，这样就导致施工方为降低成本而采用不合标准的材料，或为保证上市时间压缩建设周期以致合理工期无法保证等，对商品房的质量产生了相当不利的影响。

4. 法律意识和法律制度的原因

当前我国房地产行业的发展并不成熟，行业自律机制不健全，国家相关法律措施也不健全，房地产业到目前为止还处于卖方市场，房屋质量还没影响到他们当前所注重的经济利益，这些都使得这个行业的从业人员在房屋质量方面的意识淡薄。商品房质量问题的隐蔽性、显现的滞后性等特点，使得住宅消费者在购买时对住宅质量的重视程度不够，在出现商品房质量问题后，商品房消费者的质量利益保护意识也不够强。此外，我国还缺乏一部系统的规制商品房质量的基本法，立法层次低。涉及商品房质量的相关规定除了《中华人民共和国建筑法》(简称《建筑法》)和《城市房地产管理法》外，就以行政法规为多，最多的还是住房和城乡建设部颁布的部门规章。涉及商品房质量方面的规定中法律层次的规定很少，较详细的规定则是部门规章。如《房屋建筑工程质量保修办法》《实施工程建设强制性标准监督规定》《住宅室内装饰装修管理办法》《建设工程质量检测管理办法》等，涉及商品房质量方面的规定较多。这就使得我国有关商品房质量方面的规定散乱，缺乏系统性。

5. 法律执行力、惩罚力度不够，不能够有效解决商品房质量问题

我国商品房消费者权益案件的审理往往并不适用《消费者权益保护法》，而主要适用《民法总则》的一般规定，对商品房经营者通常适用一般合同过失责任原则，而不适用《消费者权益保护法》的严格责任或无过失责任原则，对商品房经营者的惩罚力度不够大。近年来，向消费者协会投诉侵害消费者房地产权益的案件逐渐增多，虽然消费者协会努力予以解决，但由于缺少明确的规范和依据而使这种努力的效果受到限制，同类案件的处理标准和处理结果有很大差异。

(二)商品房质量问题的处理

商品房质量问题的处理通常可分为以下三种情形：

1. 房屋主体结构质量不合格的，购房人有权拒收、解除合同和要求赔偿损失

主体结构质量不合格包括两种情况：一是房屋交付前未经验收或经验收不合格。依据现行法律规定，房屋建成后交付使用前，建设单位应组织勘察、设计、施工、监理等各方对工程质量进行验收，验收合格的应该签署质量合格文件；并申请规划、公安消防、环保部门对房屋进行检查，出具认可文件或者准许使用文件；最后由建设单位向工程所在地的建设行政主管部门备案，取得房屋建设工程竣工验收备案表。《建筑法》第 61 条规定："建筑工程竣工经验收合格后，方可交付使用；未经验收或者验收不合格的，不得交付使用。"《城市房地产管理法》第 27 条规定："房地产开发项目的设计、施工，必须符合国家的有关标准和规范。"因此，在办理商品房交接入住手续时，应要求出卖人出示该商品房的"建筑工程竣工验收备案表"，查验该工程是否经验收合格。如果出卖人不能出示该商品房的"建筑工程竣工验收备案表"，说明该工程未经验收或者验收不合格，购房人有权拒绝收房，由此引起的延期交房责任由出卖人承担。如果超过约定的期限房屋仍然未能验收合格，购房人可以解除合同并要求赔偿损失。二是房屋交付使用后房屋主体结构质量经核验确属不合格。这里的所谓主体结构质量不合格，是指房屋地基基础工程和主体结构工程不合格。房屋地基基础工程和主体结构工程是建筑工程的基础和主体，如果一栋楼房在地基基础工程和主体结构方面出现质量问题，即使其他部分施工质量再好也难以保证整个楼房的质量和安全。因此，《建筑法》第 60 条第 1 款规定："建筑物在合理使用寿命内，必须确保地基基础工程和主体结构质量。"商品房交付使用后，购房人认为主体结构质量不合格的，可以依照有关规定委托工程质量检测机构重新核验，确属主体结构质量不合格的，购房人有权退房，给购房人造成损失的，房地产开发企业应当依法承担赔偿责任。

2. 在保修范围内的一般质量问题，购房人有权要求出卖人承担修复责任

最高人民法院《关于审理商品房买卖合同纠纷案件适用法律若干问题的解释》第 13 条第 2 款规定："交付使用的房屋存在质量问题，在保修期内，出卖人应当承担修复责任；出卖人拒绝修复或者在合理期限内拖延修复的，买受人可以自行或者委托他人修复。修复费用及修复期间造成的其他损失由出卖人承担。"这里所说的质量问题指的就是一般质量问题。所谓一般质量问题，是指房屋地基基础工程和主体结构工程之外的、未严重影响购房人正常居住使用的质量问题，包括屋顶、墙壁漏水、渗水问题，室内地坪空鼓、开裂、起沙问题，墙皮、面砖、油漆等饰面脱落问题，厕所、厨房、盥洗室、阳台地面泛水、积水、漏水问题，电线漏电、灯具坠落、管道堵塞、暖气不热问题等。《建筑法》第 60 条第 2 款规定："建筑工程竣工时，屋顶、墙面不得留有渗漏、开裂等质量缺陷；对已发现的质量缺陷，建筑施工企业应当修复。"国务院颁布实施的《建设工程质量管理条例》第 40 条规定：

在正常使用条件下，建设工程的最低保修期限为：①基础设施工程、房屋建筑的地基基础工程和主体结构工程，为设计文件规定的该工程的合理使用年限；②屋面防水工程、有防水要求的卫生间、房间和外墙面的防渗漏，为5年；③供热与供冷系统，为2个采暖期、供冷期；④电气管线、给排水管道、设备安装和装修工程，为2年。《商品房销售管理办法》第33条规定："房地产开发企业应当对所售商品房承担质量保修责任。当事人应当在合同中就保修范围、保修期限、保修责任等内容做出约定。保修期从交付之日起计算。""在保修期内发生的属于保修范围的质量问题，房地产开发企业应当履行保修义务，并对造成的损失承担赔偿责任。"一般来说，房屋交付前对比较明显的或者已知的质量问题，购房人应在房屋交付时要求出卖人给以修复。因为购房人在接受房屋时，一般要对房屋进行必要的验收，这也是购房人应该履行的注意义务，经验收后确信没有质量问题再办理入住手续。如果发现房屋有质量问题，应立即找开发商，要求对有质量问题的地方予以书面确认并加盖公章，在对方解决好该问题后再办理入住手续。如果在短时间内解决不了，应要求开发商承担延期交房的责任，并索要书面凭证。房屋交付使用后在保修期内出现的一般质量问题，在未严重影响正常居住使用的情况下，购房人有权要求出卖人修复。因此增加的费用，应当由出卖人承担。出卖人拒绝修复或者在合理期限内拖延修复的，购房人可自行或者委托他人修复，修复费用及修复期间造成的其他损失等，应由出卖人承担。

3. 因房屋质量问题严重影响正常居住使用的，购房人可以请求解除合同和赔偿损失

最高人民法院《关于审理商品房买卖合同纠纷案件适用法律若干问题的解释》第13条第1款规定："因房屋质量问题严重影响正常居住使用，买受人请求解除合同和赔偿损失的，应予支持。"这种情形既不是明显的主体结构质量不合格，又不完全属于保修的一般质量问题，而是介于前面两种情形之间的第三种情形，其中对于"严重影响正常居住使用"如何理解和把握，法律没有做出具体规定，应该属于法官自由裁量的范畴。因此，在这种情况下购房人提出索赔请求时更要慎之又慎。对于是否属于"严重影响正常居住使用"的情况，司法实践中要通过实地勘察或鉴定进行综合评定。

三、面积误差问题

(一)测绘行为性质的误解

《商品房销售管理办法》第34条规定："房地产开发企业应当在商品房交付使用前按项目委托具有房产测绘资格的单位实施测绘，测绘成果报房地产行政主管部门审核后用于房屋权属登记。”《房产测绘管理办法》中，规定了测绘行为是受行政主管部门监督管理的企业行为。由于测绘行业垄断现象严重，行政机构对测绘单位的管理主要以行政手段为主，而不是市场经济的管理办法，加之对于测绘单位的收费是按行政事业费规定的，使许多人认为测绘是一种行政行为。因此，只有让有测绘能力的企业进入测绘市场，引进竞争机制，才能保证测绘工作的质量。行政机构把工作重点放在测绘结果的核对和管理上，为开发企业和业主提供服务；同时完善测绘程序，要求测绘企业对所测项目进行实地测绘，而不是只测图纸。要求有委托人代表或公证机关参与实地测绘，并且要求测绘企业对测绘成果负连带责任。有不良记录的测绘企业和个人要为测绘过失承担经济责任，这样商品房面积的误差率会降到最低。

(二)名称不统一引起的商品房面积误差

商品房面积的测绘是一项专业性极强的工作，而进行精确测绘的前提条件是必须保证各部分面积都有统一和确定的名称。目前的法律、法规以及规章制度却对某些同一概念进行了不同的表述，如对“分摊的共有建筑面积”的称谓表述不一。《商品房销售管理办法》第 18 条规定：“商品房建筑面积由套内建筑面积和分摊的共有建筑面积组成。”《商品房销售面积计算及公用建筑面积分摊规则(试行)》第 5 条规定：“商品房按‘套’或‘单元’出售，商品房的销售面积即为购房者所购买的套内或单元内建筑面积与应分摊的公用建筑面积之和。商品房销售面积＝套内建筑面积＋分摊的公用建筑面积。”开发商把公共部位与公用房屋分摊建筑面积解释为由“共有分摊面积”与“另有小区分摊”两部分建筑面积组成，将不应计入共有建筑面积的“另有小区分摊”部分也计入了销售面积。由原国家质量技术监督局批准发布的《商品房销售面积测量与计算》，统一了全国商品房销售面积的测量与计算方法。《商品房销售面积测量与计算》中明确规定：商品房整幢出售，其销售面积为整幢商品房的建筑面积。商品房按“套”或“单元”出售，其销售面积为购房者所购买的套内或单元内建筑面积与应分摊的共有建筑面积。商品房套内建筑面积包括套内使用面积、套内墙体面积及套内阳台建筑面积之和。

公用建筑面积分摊的计算方法为：各套(单元)的套内建筑面积乘以公用建筑面积分摊系数，得到购房者应合理分摊的公用建筑面积。公用建筑面积分摊系数等于公用建筑面积除以套内建筑面积之和。

(三)多种计价方式引起的商品房面积差异

商品房的销售计价方式有三种。在目前的立法状况下，不同的计价方式会对商品房面积差异处理的结果产生不同的直接影响。多种计价方式并行虽然丰富了当事人的自主选择权，但也使房屋面积差异纠纷的处理变得复杂起来。同一种面积差异情形，因为计价方式的不同，处理的原则和结果也往往不同。计价方式的多样化增加了面积差异纠纷处理的复杂性，消费者在选择计价方式时很难预料到计价方式对面积差异处理的不同影响，在签订合同时往往因为无所适从而听任开发商的引导。不良的开发商则将引导变成误导，千方百计地让消费者选择对开发商自身有利的计价方式和面积差异处理方法。

(四)测量规则标准不同引起的面积误差

由于商品房预售时双方在合同中约定的面积，一般都是卖方依据商品房项目施工设计图纸自行测算或委托测绘单位测算的预测面积。预测和实测适用的测量规则标准有时不同(或测量规则标准的变更)，主要是公摊面积的计算方法不一样，有的开发商将《商品房销售面积计算及公用建筑面积分摊规则(试行)》中不属于公摊或没有规定作为公摊的面积计算为公摊面积，如将外墙、骑楼、人防工程、高层建筑的结构转换层等面积计入公摊面积。土地房产管理部门在审核实测面积时，没有把该公摊面积确认为房屋建筑面积，故造成面积误差。对于测量规则标准不同造成的面积误差，应根据原预测面积的测量规则标准审查预测面积与实测面积认定是否存在误差，对于因测量规则标准不同造成的面积误差，不予认定实际面积误差。双方可对合同中的销售面积做调整，但应维持原合同约定的总价款不变。一方以此面积误差要求补交或退还房款的，不予支持。对于已适用同一测量规则标准测绘后的实测误差，应认定为实际面积误差，依合同约定或司法解释的规定处理。

(五)商品房开发项目设计变更造成的房屋面积误差的认定及处理

根据目前房地产面积的测量体制，商品房的实测面积是已竣工的房屋在产权登记时，土地房产管理部门审核确认的卖方委托有资质的测绘单位所做的测量成果(面积)。卖方委托测绘单位测量的面积未经土地房管部门审核确认，则不能作为商品房的实测面积。因此，土地房管部门审核面积与合同约定面积的差值或比值，是认定设计变更是否造成房屋面积误差及误差数量的依据。买卖双方因设计变更造成的实测房屋套内建筑面积或建筑面积(含公摊面积)与房屋买卖合同约定面积不符的，应依据最高人民法院《关于审理商品房买卖合同纠纷案件适用法律若干问题的解释》第 14 条的有关规定处理，即合同有约定的，按照约定处理。合同没有约定或者约定不明确的，按照以下原则处理：

(1)面积误差比绝对值在 3%以内(含 3%)，按照合同约定的价格据实结算，买受人请求解除合同的，不予支持；

(2)面积误差比绝对值超出 3%，买受人请求解除合同、返还已付购房款及利息的，应予支持。买受人同意继续履行合同，房屋实际面积大于合同约定面积的，面积误差比在3%以内(含3%)部分的房价款由买受人按照约定的价格补足，面积误差比超出3%部分的房价款由出卖人承担，所有权归买受人；房屋实际面积小于合同约定面积的，面积在3%以内(含3%)部分的房价款及利息由出卖人返还买受人，面积误差超过3%部分的房价款由出卖人双倍返还买受人。

(六)露台、楼顶平台面积计入房屋买卖合同面积造成误差的处理

依据《商品房销售面积计算及公用建筑面积分摊规则(试行)》中有关“建筑面积”的规定，商品房销售面积不含露台面积，因此在产权登记时，土地房产管理部门审核卖方委托测绘单位测量的成果时，露台面积是不计入房屋建筑面积的。但在商品房销售中，买卖双方将有使用功能的露台面积计入房屋建筑面积，或在签订合同时约定计入房屋建筑面积，由此产生面积误差。买方以商品房销售面积不含露台面积，其不享有露台所有权等为由，要求卖方退还房款。这类面积误差不能认定为实测面积与合同约定面积不符，不适用最高人民法院《关于审理商品房买卖合同纠纷案件适用法律若干问题的解释》第14条的规定，应依据建筑物区分所有权和共有权的民法理论及双方当事人的约定来处理这类面积误差的纠纷。土地房管部门审核实测面积时，虽不确认露台为房屋建筑面积，但对于卖方单独计价出售独立使用的露台，由于露台具有独立使用价值(功能)，具有排他性，可归买方所有。根据意思自治和有偿使用原则，双方已约定作为房屋买卖合同的标的物，由买方支付约定的价款是公平合理的，也符合诚实信用原则。出卖人对独立使用的露台面积不单独计价，采取适当提高商品房面积售价，或者按“套”“单元”计价一并出售的，同样应予以保护，买方要求退还露台面积房款的，不予支持。对于不独立使用的露台，因不具有排他性，属整幢楼房业主共有，买方使用时往往会与他人产生纠纷，买卖双方计入房屋面积进行交易，损害了其他业主的合法权益，买方要求卖方退还露台房款的，应予以支持。

四、定金与预购订金问题

出卖人在与买受人正式签订预售合同或房屋买卖合同之前，都自行制作了一份统一格式的认购书，要求买受人必须向其交付1万元到2万元不等的认购订金(现大部分已改为定金)，并且明确约定：如果买受人在一定期限内不与出卖人签订房屋买卖合同的，将不退还已收取的订金(或定金)。由于此时对于正式的购房合同条款买受人并不知晓，有些买受人甚至连房屋的基本情况都无法准确知道，而到了签订正式的房屋买卖合同时，却由于合同中有种种不平等条款，或者房屋具体结构、设计、居住环境发生变化，或者在交付使用时间、办理房产证的期限、违约责任等方面无法与出卖人达成一致意见，从而导致买受人无法与出卖人签订

合同。此时买受人如果想收回订金(或定金)，就遇到了困难。

定金，是指合同当事人为了确保合同的履行，依据法律规定或者当事人双方的约定，由当事人一方在合同订立时或者订立后履行前，按照合同标的额的一定比例(不超过20%)，预先给付对方当事人的货币。定金合同是从属于主合同的从合同，其成立的前提是主合同已经成立生效。定金依法律性质不同可以有多种分类，如证约定金、成约定金、违约定金、解约定金、立约定金等。在我国定金是债的一种担保方式，也是承担违约责任形式之一，其基本法律性质是违约定金，并具有担保合同履行的性质。“定金”发挥作用有两种情形：其一，履行时，定金充作价款或由交付方收回；其二，合同不履行时，适用定金罚则。

预购订金在法律上并没有严格的界定，从文字来看，“订”的含义是订立、预订之意。只是预付款性质的一种支付，不具有定金的性质。因此，在购房者签订“预购临时协议”时，真正的预购房屋正式合同——主合同是否能够成立，还处于一种不确定状态，这与定金合同有着重大差别。因此，预购订金不是定金，定金罚则也就当然不能适用。订金与定金的最基本的区别就是定金适用定金罚则，一方违约应当双倍返还定金或无权要求返还定金，而订金不适用这样的罚则，只会存在返还或冲抵价款的作用。

最高人民法院《关于审理商品房买卖合同纠纷案件适用法律若干问题的解释》第4条规定：“出卖人通过认购、订购、预订等方式向买受人收受定金作为订立商品房买卖合同担保的，如果因当事人一方原因未能订立商品房买卖合同，应当按照法律关于定金的规定处理；因不可归责于当事人双方的事由，导致商品房买卖合同未能订立的，出卖人应当将定金返还买受人。”根据上述解释，如果购房者无正当理由不履行磋商义务或者恶意履行磋商义务，而房产商无过错，最终买卖合同未订立，此时应适用定金罚则，购房者无权要求返还定金。不履行磋商义务是指购房者不按期与房产商就签订买卖合同进行协商；恶意履行磋商义务是指购房者虽按约前去磋商，但故意找一些理由不签约，如何判断购房者恶意磋商，应结合其提出的理由是否正当等因素考量。因可归责于房产商的事由导致双方未签订买卖合同，而购房者无过错，此时房产商应承担双倍返还定金的责任，如房产商将购房者已认购的房屋转卖他人造成无法订立买卖合同，或房产商提出不适当条件恶意进行磋商等。如果买卖合同主要条款在认购书中并未约定，当事人尽诚信义务磋商后仍协商未成，导致买卖合同未能订立的，不适用定金罚则，购房者有权要求退还定金。如果购房者和房产商对未能签订买卖合同均有过错的，双方均丧失请求对方承担定金责任的权利，定金应当返还。如房产商将购房者预定房屋转售他人，购房者也在他处购房，双方均未履行磋商义务，应认定双方均无权要求对方承担定金责任。

第六章　商品房按揭研究

商品房按揭是当今世界许多发达国家和地区广为流行的一种以预购商品房作为担保物取得银行贷款的融资方式，该制度引入我国后在商品房买卖中得到迅速发展并成为目前我国购房融资的主要形式。其在推动我国商品房市场化改革、激活商品房融资机制等方面发挥了重要作用。但是，商品房按揭在实践中产生或可能产生的诸如银行贷款坏账风险、“假按揭”套取资金等问题，急需在理论上进一步研究加以解决。结合商品房按揭实践中存在的问题和困境对按揭制度的原理和按揭中的风险防范问题进行深入探讨，具有重要的现实意义和理论意义。

第一节　英美法及我国香港地区法中的按揭制度

“按揭”一词是英文“mortgage”的粤语译音，20 世纪 90 年代自我国香港地区传入内地，是英美法系的一项法律制度，因此，有必要对英美法及我国香港地区法的按揭法律制度进行考察，以澄清其本来含义。按揭的实际产生，可以追溯到 18 世纪的英国和美国。18 世纪，英国人创办了房地产按揭贷款的机构——建筑社团。1831 年，英国移民在美国宾夕法尼亚州建立了牛津节俭会。其成员按月存款，成员需要购房或建造房屋时可向建筑社团或牛津节俭会借款，借款应按规定期限分期偿还。若不按期偿还，则该房屋归建筑社团或牛津节俭会所有。这种以房地产作为保证分期偿还借款的信贷方式，实质上宣告了按揭的诞生。对此，一位英国学者曾这样描述：“19 世纪发明了分期偿还的贷款……这个时期对于住宅经济来说是如此重要，简直可以与改变英国面貌的蒸汽机发明相提并论。”抵押贷款这一被誉为“19 世纪房地产金融中的蒸汽机”，在当今已成为世界各国推动本国房地产金融发展的重要工具。

但是，直到 20 世纪 50 年代，各国的银行业出于资产流动性的考虑对房地产贷款业务的开展都比较慎重，在理论上也认为一般商业银行只能经营短期商业贷款。第二次世界大战后，西方经济学界提出了“预期收入理论”，他们认为，贷款的清偿依赖于借款人的预期收入，只要借款人的未来收入具有稳定性，对其进行长期放款，如通过分期付款办法开展房地产抵押放款业务，也同样可以保证这种资产的流动性和安全性，为商业银行涉足房地产经营业务提供了理论依据。在房地产业的发展中，银行作为融资中介主体，只有同时向开发商和住房消费者提供银行信贷业务，才能促进信贷资金的良性循环，并分散风险，从而有利于房地产金融业务的开展。如银行只向开发商提供贷款，信贷资金就不能进入良性循环状态，使风险增高，因为从价值规律的角度分析，商品房作为商品，包含价值形成的过程，也包括价值实现的过程。商品房被生产出来以后，如不进入消费领域，就会形成空置，这种产品便代表了巨额的资金积压，资金不能尽快收回，利息成本的风险便会不断增高。如果资金因销售受阻而无法收回，必然造成呆账。因此，只有使商品房进入最终消费领域，投入的资金才能顺利收回，显然住房消费中存在着这种住房进入消费与消费者货币积累速度慢之间的矛盾，这就决定了银行必须同时向置业者提供住房消费贷款。这样就能最终化解供需双方之间的矛盾，也有利于银行投入房地产中的资金的安全收回。住房按揭业务正是以上述理论为经济学基础而发展起来的。

一、英美法中的按揭

在英语中，mortgage一词，由古英语mort与gage复合构成，其中，mort来源于拉丁语mortum，其意为“永久、永远、死”，gage在英语中原意为“质押、保存”，两者合为一体，就有了“死担保、永久质”的意思。在现代英美等国，mortgage通常在两种意义上使用：第一，泛指各种类型的物的担保，从这一意义上来看，质押、留置、财产负担以及按揭担保皆属mortgage的范围。第二，作为财产担保的一种类型，与质押、留置、财产负担等物的担保形式相并列，它是指通过设定人对与特定财产有关的权利的移转，而担保特定债权的担保形式。本书讨论的mortgage是指后一种意义上的mortgage。

英国法中的按揭涉及两方当事人，其中获得一定担保权益的人被称为按揭权人(mortgagee)，而为了担保让与一定财产利益的人则被称为按揭人。按揭权人在mortgage交易中获得不动产里一定的财产利益，只要设定按揭的财产保持与债权相当的价值，那么，按揭权人就可以获得完全的清偿。按照1899年*Santly V. Wilde case*中英国法官(Lindley)的解释，按揭实际上是一种担保方式，即通过转让物产权益保证偿还债务。房地产按揭就是房地产按揭人把其对房地产的业权转让给债权人，以作为偿还债务或履行责任的保证。一旦所保证的债务或责任得到偿还或解除后，债权人应把房地产的一切权益再转让给按揭人。依照英美法学者的见解，近代法上的mortgage，总是与债权担保联系在一起的，从其本意来说是指为担保债务人债务的履行，由债务人将一定财产权利转移于债权人，债权人在债务人不履行债务时，可以取得担保财产的绝对的所有权。可见，mortgage实际上是通过权利的转移而对债权进行担保的，即按揭给予受按揭人一项在担保物上的权益，而这项权益在按揭人清偿义务时是要转还给按揭人的。但是，权利的转移并不意味着财产占有的转移。正如埃舍爵士在1893年约翰逊诉迪普里斯一案中所述，mortgage不需要实际移转对设按揭财产的占有，但设按揭人必须把该项财产的权利文据交付债权人。

二、我国香港地区法中的按揭

我国香港地区法继受了英国法的传统。在我国香港地区，学者是这样看待按揭的："按揭(mortgage)是属主、业主或归属主将其物业转让予按揭受益人作为还款保证的法律行为效果，经过这样的转让，按揭受益人成为属主、业主或归属主。还款后，按揭受益人将属主权、业主权或归属主权转让予原按揭人。"简单地说，在我国香港，按揭(mortgage)就是转让物业权益保证偿还债务；房地产按揭就是房地产按揭人把其对房地产的业权转让给债权人，以作为偿还债务或履行责任的保证，一旦所保证的债务或责任得到偿还或解除，债权人应把房地产的一切权益再转让给按揭人。由此可以看出，我国香港地区法律中的按揭与传统英美法中的按揭并无实质性差别。

现代按揭制度在我国香港地区已有所发展，与英美法有偏离，其表现在：从法律上讲，房地产在我国香港地区被视为产业，而我国香港地区的产业分法定式产业和公义式产业。法定式产业是法律承认现存的产业，业主对产业的所有权是一种法定产权；而公义式产业则是指法律手续不完备、未有的或不存在的产业，如尚未建成的房屋。公义式产业业主对产业的所有权是一种公义式产权。开发商卖楼花，即卖公义式产业。买了楼花的人，只持有公义式产业，因为除了房屋尚未建成外，还有开发商仍未能将法定式产业授予买楼花的人。到房屋建成之后，开发商首先取得法定式产业，然后遵循法律手续将法定式产业转到已购得楼花的人手上。房地产作为贷款保障，按我国香港地区惯例可以采用按揭方式或抵押方式。按揭受益人取得产业作为保障，抵押受益人取得权益作为保障。两者又有公义式和法定式之分。法定式按揭和法定式抵押都一样，借款人有法定式产业，按照正常的法律手续进行按揭或抵押，贷款人即得到法定式按揭权或法定式抵押权。如果产业是公义式产业，或是法定式产业的按揭或抵押手续不完整，贷款人只能得到公义式按揭权或公义式抵押权。例如，买楼花的人将楼花交给银行做担保，在法律手续完整时，银行也最多只能得到公义式按揭权或抵押权。在借款人将其现有房地产担保还款时，如果不订立抵押契约，只是将地契文件存放在贷款人那里做质押，因为法律手续不完整，贷款人只能得到公义式抵押权。根据香港地区《地产转让及物业条例》第44条，自1984年11月起，以法定式产业做抵押的，必须订立抵押契约，这样才能达到法定式抵押的效果。并且从这天起，法定式按揭不存在了。以前所达成的法定式按揭，从这天开始自动变为法定式抵押。但是，公义式按揭或抵押仍然存在。

第二节　我国商品房按揭法律制度的相关理论

一、按揭的含义

(一)按揭的基本界定

"按揭"一词产生于我国香港地区，但我国内地房地产市场对"按揭"一词的使用与香港地区大不相同，已融入内地的经济、法律要素，形成了具有特定内涵的被实务界和法律所认可的经济、法律术语。

在我国，按揭指不能或不愿一次性支付房款的按揭购房借贷人(简称购房借贷人)将其与房地产开发商(简称开发商)已签订的商品房预售或销售合同项下的所有权益作为向商业银行贷款的担保，按揭贷款商业银行(简称银行)将一定数额的贷款以购房借贷人名义直接交由开发商，银行与购房借贷人形成附财产担保的债权债务关系，开发商为购房借贷人向银行贷款提供阶段性担保所形成的所有关系与行为的总称。

对按揭有以下几点特别说明：第一，本章所论及的内容不涉及住房公积金贷款的相关法律制度。《个人住房贷款管理办法》第3条规定："本办法适用于经中国人民银行批准设立的商业银行和住房储蓄银行。"在我国，将住房储蓄银行提供的按揭贷款称为"住房公积金贷款"，其与商业银行提供的按揭贷款有相同之处，也有很大区别。第二，购房借贷人不仅指个人，也包括公司等企业组织，只要其购房需要借助商业银行的贷款。第三，按揭担保标的物不仅包括商品住宅，还包括一切由开发商开发并拆零出售的具备按揭贷款条件的其他用途(商业、办公、娱乐、工业等)的商品房，只不过对不同用途的商品房其首付款最低比例限额、贷款的最高比例限额、贷款期限、还款付息方式，立法或各商业银行的规范性文件有不同限定。

(二)商品房预售按揭和现售按揭

在我国的实践中，按揭存在商品房预售按揭和现售按揭之分。

商品房预售按揭，又称"期房按揭"或"楼花按揭"，指在房地产开发过程中，由预购人与开发商签订商品房预售合同，同时支付一定比例的首期购房款，余款由预购人向银行申请贷款并将其根据合同取得房屋的权利作为偿还贷款的保证，同时由房地产开发商担当保证人的购房方式。在银行实务中常将此类业务称为"甲类按揭贷款”。

商品房现售按揭，又称“现房按揭”，是指商品房竣工验收后，购房借贷人(按揭人)与房地产开发企业签订商品房买卖合同，同时支付部分购房款，不足部分向银行(按揭权人)申请贷款，并将其根据合同取得房屋的权利担保给银行作为取得贷款的保证，同时由房地产开发商担当保证人的购房方式。在银行实务中又将其称为“乙类按揭贷款”。

有学者认为只有预售商品房才存在按揭的问题。理由是：在预售商品房按揭中，银行一般要求开发商或其他企业作为贷款担保人，保证银行为第一受偿权人，有的也同时约定由开发商保证当预购人不按期还款，银行在变卖房屋时必须由开发商予以回购。如果预购人届期清偿全部银行贷款本息，则可以将该商品房的全部财产权从银行处赎回，而如果预购人或担保人未能依约履行还款义务或担保义务时，银行即可取得预购人在该“商品房预售合同”中的全部权益以清偿预购人对银行的欠款。在现售按揭合同中，购房借贷人将购买的商品房现楼作为担保物抵押给银行，并办理房地产抵押登记手续，同时将与开发商签订的商品房买卖合同和房屋产权证书交银行保管。所以，现售按揭在本质上是一种不动产抵押贷款，完全没有必要把属于一般意义上的抵押贷款划分到按揭贷款之中。

上述对商品房预售按揭与现售按揭区别的理解可能有误。首先，期房与现房的区别是什么？按前述定义为是否经过商品房竣工验收。众所周知，商品房是否经过竣工验收，仅表明作为实物形态的房地产的存在状态，与其产权归属没有必然联系。商品房经过竣工验收，但开发商不一定已经取得了“大产权证”——总房屋所有权证，因此，其这时与购房借贷人(按揭人)签订商品房买卖合同，根本无法设定房地产抵押担保，办理房地产抵押登记手续更无从谈起。其次，即便商品房已经过竣工验收，同时开发商也已经取得总房屋所有权证，但由于购房借贷人在与开发商签订商品房买卖合同时尚未支付购房全款，开发商也全然不会将房地产权转移给购房借贷人，购房借贷不是合法的权利人，其以何作为担保财产抵押给银行？商品房现楼本身是无法作为担保物抵押给银行的，在法律上抵押权的客体是作为权利的财产而非作为实物的财产。购房借贷人未取得房屋所有权和土地使用权，当然也无法就向贷款银行贷款，向房地产登记部门申请办理房地产抵押登记。由此可见，无论是商品房预售按揭还是现售按揭，由于按揭设立时购房借贷人(借贷人)都还尚未取得未来供担保财产的实际产权，其取得未来供担保财产的实际产权均需依赖与其发生买卖关系的开发商的诚实。当然购房借贷人对此的积极配合也是必需的，并且银行是将贷款直接交付开发商，因此，由开发商提供保证担保就成为所有按揭的必经程序。预售按揭与现售按揭的区别仅仅在于：由开发商提供保证担保的时间长短和银行放贷的风险高低。就预售按揭而言，由开发商提供保证担保的时间长一些，通常为数年或数月；就现售按揭而言，由开发商提供保证担保的时间短一些，甚至短到只有数月或数周的时间，但为了保障交易的安全，这项程序是不能少的。就预售按揭而言，因房屋尚未建设完成，可能存在“烂尾”的可能，银行放贷的风险高一些。就现售按揭而言，不存在“烂尾”的可能，银行放贷的风险低一些，但也不是完全没有风险。在实践中经常发生这样的实例：一些房地产项目已经建设完成并已销售、入住，但因开发商长期无法为购房借贷人办理产权过户登记，致使购房借贷人停止向银行还贷，银行要求开发商承担保证责任。这进而说明即使是现售按揭，购房借贷人的基于购房合同取得的权益也不足以为其向银行贷款提供必要的担保支撑，就银行而言也同样存在着风险，而为化解风险在按揭中设定由房地产开发商为购房借贷人承担保证责任仍然是必需的，这与预售按揭并无区别。

商品房预售按揭与现售按揭并没有本质区别，所以商品房按揭，如不特别说明均包括两者，并且为了行文的方便，简称为按揭。

二、按揭的法律性质

关于按揭，其法律性质如何，学者中存在不同认识。

(一)不动产抵押说及评析

依照该学说，按揭实际上属于不动产抵押担保。理由是：如同普通房地产抵押，按揭也导致在不动产上设定抵押。首先，与普通房地产抵押相似，设定按揭也是为了担保债务的清偿，作为担保物的房地产仍然为按揭人所占有、使用。其次，在法律效力方面，同抵押权人一样，按揭权人有权对担保物进行监督和检查，在必要时得直接参与对担保物的管理。最后，在按揭人(债务人)不履行债务时，债权人有权处分担保物，以该财产折价或变卖、拍卖的价款优先受偿以实现按揭权。因此，按揭实际上是一种不动产抵押方式。

按揭与不动产抵押相比有如下关键性区别：

(1)主体。从法律关系的主体上看，按揭主要涉及购房借贷人、开发商及银行三方主体。而一般的不动产抵押担保贷款通常仅涉及抵押权人与借贷人(抵押人)双方主体。

(2)目的。从购房借贷人设置按揭的目的上看，是购置房地产。如借贷人以不动产设定抵押担保贷款以融入资金做其他投资为目的，则不是按揭。

(3)合同关系。按揭中的合同法律关系非常复杂，通常是4个到6个合同关系的关联交织，即开发商与购房借贷人之间的商品房预售或销售合同关系；购房借贷人与银行之间的借贷合同关系；购房借贷人将所购房地产权益作为向银行偿还贷款本息的担保所产生的担保关系；开发商为保证购房借贷人(按揭人)清偿贷款与银行产生的保证担保关系；购房借贷人按银行指定的律师事务所交纳律师费而由律师对购房借贷人贷款资信进行审查而产生的服务合同关系；购房借贷人按银行指定的险种向保险公司办理保险而产生的保险关系。而不动产抵押担保贷款则通常只有前述第一个、第二个两个合同关系，合同法律关系相对比较简单。

(4)过程。从按揭过程的分阶段来看，在开发商完成开发并履行了向购房借贷人移交房地产权利，再将该权利向房地产登记部门办理抵押登记，最终将证书交银行占管前后，按揭性质有很大的不同：之前为权利质押(在购房借贷人取得房地产权证书前须将房地产预售或销售合同的正本交给银行占有，公示方法是房地产管理部门在房屋预售合同上做按揭登记备案)，外加开发商保证；之后趋同于一般抵押担保，但仍须将房地产权证书正本交给银行占管。而不动产抵押担保贷款只需在签订贷款抵押担保合同后持产权证书到房地产管理部门办理抵押登记，没有按揭这些复杂的程序。

(5)实现方式。从按揭权实现的方式来看，可采取两种：一种是按揭权人通过依法折价或以拍卖、变卖按揭人担保标的物所得价款优先受偿；一种是若在保证人即开发商为购房借贷人出具的保函中约定房地产商负有回购义务，则由开发商向银行回购标的物并以回购款偿还银行贷款本息，再由开发商向购房借贷人另行追偿。不动产抵押的实现是当事人协商拍卖或者债权人请求法院强制拍卖以实现债权清偿。

(二)债权质说及评析

债权质说认为，结合我国按揭的特点分析，按揭是债权质。因为购房借贷人与银行签订预售按揭这样的合同时，由于标的物是不存在或正在建设中的房地产，并没有现实存在，因而，购房借贷人对于作为担保标的物的期房不享有任何物权，而仅是一种债权，即请求开发商于将来某时交付房地产的权利，此时购房借贷人向银行提供的还款担保标的物不是房屋所有权及其土地使用权，而是对开发商享有的债权，而且此种债权符合作为权利质押标的的权利的性质是财产权，具有可转让性，是适于设质的权利。

由于按揭过程是分阶段的，如果以债权质说解释在开发商完成开发并履行向购房借贷人移交房地产权利，再将该权利向房地产登记部门办理抵押登记，最终将证书交银行占管前按揭的性质，还显牵强；用此理论解释在开发商完成开发并履行了向购房借贷人移交房地产权利，再将该权利向房地产登记部门办理抵押登记，最终将证书交银行占管后按揭的性质就完全不妥当了，因为其已趋同于一般抵押担保，进而也可以说这种具有典型抵押担保性的按揭，其性质已经无须解释。

债权质说还有一个重大的疏忽：即我国为规范商品房市场，保护购房借贷人权益，实行预售合同强制登记备案制度，经登记备案，购房借贷人基于购房合同的权益性质发生了转变，从单纯的债权转变为准物权，具有一定的对世性。因此，债权质说的解释是不准确的。

同时，这种观点也忽略了开发商在按揭中的作用。开发商承担保证责任是我国按揭的特色，是按揭中不可或缺的一个要素，特别是负有回购义务的保证责任往往使购房借贷人基于购房合同的权益完全失去支撑其债务对银行债权的担保功能，与可以独立支撑债务对债权的担保功能有很大区别。

(三)相当于让与担保说及评析

相当于让与担保说认为我国的按揭相当于大陆法中的让与担保。理由如下：首先，让与担保相当于英美法中的 mortgage 中移转权利作为抵押的一种担保，而按揭又源于此种 mortgage，所以将此种按揭归于让与担保；其次，认为将房地产权属证明交给银行是所有权转让给银行；再次，认为将按揭性质认定为让与担保是想强调在借款人全部偿付债务前，按揭房产的所有权归贷款银行。这样将利于督促借款人为最终取得房产所有权而尽力偿债，并且在居住、使用按揭房产过程中有所约束，从而确保债权的实现。当按揭标的为楼花时，借款人(预购人)须将其在与开发商签订的房屋预售合同中的全部权益按揭与贷款银行，并将该房屋预售合同正本交银行执管；当该房产竣工入住后，购房借贷人委托开发商代向当地房地产登记处申领的房地产证明正本必须交由银行执管。在标的物为现楼时，借款人(购房借贷人)将其购买的商品房现楼的财产权按揭与银行，购房借贷人与开发商签订的房屋预售合同以及随后领取的房屋产权证明正本必须交由银行执管。

对此观点，笔者认为：

1. 关于财产权转移

我国设立按揭时并不要求有特定财产权利转移；而在英美法上，设立按揭后财产权益发生转移。在我国，购房借贷人要将有关权利证书交给按揭银行保管，权利证书包括生效的预购房屋合同、首期付款发票或收据、抵押登记证明文件、保险单正本、房屋所有权证、土地使用权证、他项权证及保险单正本，并在保险单中约定银行为保单的第一受益人。有学者认为按揭银行要求购房借贷人将有关权利证书交银行收押证明了所有权的转移。另有学者认为，这种证书的转移并不意味着所有权的转移，因为房产所有权凭证与有价证券等不同，它只是一种表明按揭权人对担保标的物享有一种权利的凭证而已。在现行法下，需经过登记公示才能使该转让发生法律效力，受让人取得所有权，单纯地转让房地产权并不能当然地发生产权转移的法律效力。银行要求将权利证书交自己收押，并不能获得担保房屋的所有权，也并不能有效地防止一屋多卖的现象发生及防止购房借贷人违反约定处分设立按揭的房屋，从而保障债权的实现。要保障银行的担保权利的实现，关键是要建立和完善按揭的登记制度(主要是预登记的制度)。

2. 关于权利实现

在英美法的按揭中，债务人不履行债务时，债权人可以确定地取得按揭物的权利，其法律上的性质是："附停止条件的所有权转移"。但在我国，按揭的实现与英美法上的按揭不同。银行并不要求取得标的物的所有权。而且，由于我国法律严格禁止流质契约，按揭房屋所有权当然也不会转移到银行手中。在实践中，如果购房借贷人不履行还本付息的义务，银行通常的做法是依照担保法的规定申请法院对按揭房屋进行拍卖并以其价款优先受偿，或要求开发商履行回购按揭房地产义务。

3. 关于回赎

在英美法按揭当中，通过赋予债务人(按揭人)以赎回权来保障债务人利益，而债权人(按揭权人)负有交还财产的义务。在我国的按揭法律关系中，购房借贷人也有一种分期付款的义务，但这不是赎回权，因为购房借贷人并不对按揭物享有所有权，而是通过按揭权实现的方式来保障债权的最终实现。

此外，有学者还认为，持让与担保说的学者忽略了这样一个实际问题，即如果采取让与担保，在我国的按揭中将经过两次转让，第一次是开发商将房屋所有权转让给银行，第二次就是银行在购房借贷人清偿贷款本息的时候再将房屋转让给购房借贷人。根据我国法律的规定，我国对于房地产转让的税额数额不菲，面临这样高额的税收，徒增购买的成本，按揭的当事人不可能乐于采取这种方式。

(四)组合担保说及评析

有学者认为，按揭是以购房借贷人与开发商之间的房屋买卖关系和贷款银行与购房借贷人之间的贷款债权债务关系为基础形成的几种担保的组合。其中包括开发商对银行提供保证担保而形成的保证关系；购房借贷人以其对开发商的债权为银行设定债权质权而形成的质权关系；在房地产建成并转移产权后，购房借贷人以该房地产抵押担保银行债权而形成的抵押关系。组合担保说认为在购房借贷人对银行的担保中存在由债权质向抵押转换的问题，在房地产未建成前是一种债权质，因为这时并不存在一个现实的物作为物权的标的，无论是买卖还是担保的标的都是将来存在的房地产，在这个阶段存在的只是购房借贷人对于开发商的债权，所以这个时候也不可能存在对于这个将来存在的房地产的任何物权，因为其不是现实的物，不可能被控制和支配，不具有物权所要求的基本条件。如果要担保，也只能以这个债权作为担保，实践中购房借贷人将房地产预售合同交给贷款银行占有，正是债权质最明显的表现。另外，购房借贷人仅仅将房地产预售合同交给银行占有，并没有将其享有的债权转让给银行，因为房地产建成后过户登记的房地产产权证明上写的是购房借贷人姓名，而不是银行，由此可知，债权并未让与。从购房借贷人在房地产建成后取得房地产权证明，并由开发商将房地产产权证明交给银行并办理抵押登记开始，成立抵押担保。这种抵押除了贷款银行需要占有房地产产权证明外，其他的都符合一般的抵押的特征，最重要的是，在房地产管理部门进行的是抵押登记，也体现抵押的效力，所以其性质不言自明。至于银行要占有房地产权证明，是我国特殊的法律环境造成的，这种对于房地产权证明的占有并不产生权利移转的效力，已如前述。在按揭中还存在开发商对银行的保证，存在于开发商将办理抵押登记的房地产产权证明交给银行之前，是开发商对银行的债权的保证担保，这种保证在实践中往往是以开发商按时按质完成房地产建设向购房借贷人转移房地产权并将房地产权证明交给银行占管为表现形式，但其实质都是保证贷款银行债权的实现。与一般的保证相比，其表现形式相对复杂，但这不影响其保证的性质。所以按揭的性质是债权质、抵押、保证三种担保方式的联立组合。

三、按揭的流程

期房按揭的流程相对复杂，以下以此为例介绍按揭的流程。

(一)开发商选定银行

(1)开发商选定银行，担当就其所开发房地产项目向购房借贷人提供按揭贷款的银行。现阶段，我国个人按揭贷款业务并非由购房借贷人自主选择借贷的商业银行，而通常先由开发商选定一家或两家商业银行担当。

(2)开发商与银行签订按揭贷款合作协议书，银行承诺在特定条件下向开发商的客户(购房借贷人)提供贷款，由购房借贷人将所购房产设定担保于银行，同时开发商向银行提供保证担保。保证担保的内容通常都包括开发商忠实、完全地遵守国家的法律，履行与购房借贷人签订的商品房预售或销售合同，特别是按期、按质完成开发建设，并依法或依约定履行了向购房借贷人移交房地产权利，再将该权利向房地产登记部门办理抵押登记，最终将证书交银行占管，这是最基本的保证义务。部分保证担保的内容为：当购房借贷人在借款到期不偿还银行贷款时，由开发商代购房借贷人向银行偿还贷款，甚至一次性偿还银行欠款，并取得银行作为债权人的地位(代位求偿)，向购房借贷人追偿(即负回购义务)，这是特别的保证义务或苛刻的义务。这与银行处于经济强势地位有关，也表现出其对当购房借贷人不偿还贷款时通过市场变现实现银行债权的前景尚不乐观，对房地产的真实价格尚不信任。为保证这项苛刻的义务履行，银行通常要求开发商同意在未来向购房借贷人发放的贷款中扣除一定比例(贷款额的5%～8%)作为保证金由银行存留。

在包括我国香港地区在内的发达国家和地区房地产按揭、抵押贷款业务中，因建立了完善的个人金融信誉体系，贷款人与贷款银行直接发生借贷关系，不会由开发商预先代替购房借贷人选定贷款银行，银行也不与开发商存在任何法律关系。今后，我国随着个人金融信誉体系的建立与完善，在这一点上将逐渐与发达国家和地区通行的做法一致。

(二)签订合同

1. 购房人选定欲购买的商品房，与开发商签订商品房预售或销售合同

在该合同中双方要约定买方付款方式，其中约定采取向开发商选定的银行申请按揭贷款的方式付款的，将成为购房借贷人，其需向开发商支付购房首付款。首付款的比例不完全由该合同中双方自主约定，也不由贷款银行自主确定，其受制于国家相关立法以及宏观调控政策。

2. 商品房预售或销售合同登记备案

根据《城市房地产管理法》第45条的规定，“商品房预售人应当按照国家有关规定将预售合同报县级以上人民政府房产管理部门和土地管理部门登记备案”。《城市商品房预售管理办法》第10条规定，“商品房预售，开发企业应当与承购人签订商品房预售合同。开发企业应当自签约之日起30日内，向房地产管理部门和市、县人民政府土地管理部门办理商品房预售合同登记备案手续。”第13条又规定：“开发企业未取得《商品房预售许可证》预售商品房的，依照《城市房地产开发经营管理条例》第39条的规定处罚。”可见，我国商品房预售实行强制登记备案。

在此需要指出，商品房预售实行强制登记备案的意义不仅在于规范商品房市场，保护购房人权益，使购房人基于购房合同的权益性质发生转变，从单纯的债权转变为准物权，具有一定的对世性。其意义还在于奠定了随后进行的按揭有效的担保基础，使按揭具有有效性和对抗力，保障了贷款银行的合法利益。

(三)按揭贷款的申请、审查与保险

(1)银行委托律师审查或自行审查购房借贷人向开发商提供的个人身份、学历、婚姻等证件以及收入、财产、负债等证明，开发商初审合格后，带领购房借贷人会见银行委托的律师，由律师对购房合同、购房借贷人资信予以审查，并出具审查结论法律文书。在此，购房借贷人会被强制性要求向银行委托的律师交纳审查费(收费标准为贷款额的0.3%)，这违反了受益与付费统一原则和为自主选择的律师付费两项原则。律师的工作主要是防范银行贷款风险使银行受益却要求购房借贷人给付律师费，并且这项收费还具有强制性，因此，引起广大购房借贷人极大的不满。有些地方(如上海、北京)已经由政府出台规范性文件或由行业协会联合发布自律性文件禁止强制性要求购房借贷人向银行委托的律师交纳审查费，这项费用改为由贷款银行负担；有些商业银行出于商业竞争上的考虑在无政府强制性规定的情况下，也主动负担起这笔费用；更有些商业银行完全取消了律师审查程序，当然也节省了这笔费用，改为由银行自行对购房合同、购房借贷人贷款资格（主要是个人资信）予以审查。

（2）按揭保险。在银行委托的律师或自行进行的审查获得通过后，购房借贷人需要到银行指定的保险公司，办理以银行为第一受益人的房地产保证保险。这项保险为强制性保险，实际为购房借贷人附加了一项强制性义务。

（四）签订按揭（抵押）保证贷款合同

1. 确定按揭保证贷款的合同内容

一般由购房借贷人、银行就按揭贷款合同内容进行协商，确定贷款数额、期限、还款付息方式（等额本金还是等额本息）等，开发商与银行因为先期签订了按揭贷款合作协议书，因此这时不参与协商。

在此需要指出的是，按揭保证贷款合同的内容并不完全是由购房借贷人、银行与开发商三方平等协商确定的，大多数条款都由银行先行拟订，属于格式合同，因此对银行颇为有利，通篇充斥着购房借贷人的义务与责任、开发商（保证人）的义务与责任、银行（按揭权人）的权利这样的表述。开发商与银行因先期进行了合作协商，它们之间的利益已经达到某种平衡，而若没有国家的立法或行政干预，购房借贷人与它们相比，明显处于弱势地位。因此，按揭保证贷款合同的内容受法律的规制。相关法律与政策基于规范房地产金融市场与宏观调控的目的，对按揭贷款设定的条件、贷款占房款总额的比例、贷款最长期、还款付息方式等还做了一些限制性规定。

2. 签订按揭保证贷款合同

一般情况为购房借贷人、银行与开发商同时签订三方合同（即保证合同与按揭贷款合同合一），但也有的情况为购房借贷人与银行、银行与开发商分别签订两个双方合同（即保证合同与按揭贷款合同分开签署）。

3. 银行占管商品房预售或销售合同，并办理按揭备案

按揭（抵押）保证贷款合同签订后，为防止购房借贷人擅自处分按揭财产危及银行按揭权利益，按惯例，购房借贷人手中持有商品房预售或销售合同必须交由银行占管，并向房地产管理机关办理按揭备案，直至开发商负责将购房借贷人“房屋所有权证”和“土地使用权证”交银行收押。银行强制性、阶段性占管购房借贷人的商品房预售或销售合同，致使购房借贷人在购房后的相当长一段时间内其手中只有商品房预售或销售合同复印件作为凭证，给购房借贷人维护自身权益及在不损害银行按揭权利益的前提下正常处分其财产（如与开发商诉争、办理户口迁入、入住后出租房产）带来了诸多不便；并且在随后由银行向房地产管理机关办理按揭备案的情况下，购房借贷人擅自处分按揭财产危及银行按揭权利益的情形也受到了公权力、公信力的否定，因此，这种占管也为不必要。

（五）按揭保证贷款合同的履行

1. 拨付贷款

银行一次性向开发商支付购房借贷人的贷款（扣除开发商承担保证责任应存留的保证金）——购房余款。

2. "月付"

购房借贷人依约按月向银行交纳贷款本息。

3. 竣工验收、过户与抵押登记

开发商所售房屋竣工，并通过验收，购房借贷人和开发商共同办理房地产权证过户手续。在房地产登记机关办理按揭担保财产的抵押登记并在购房借贷人"房屋所有权证"和"土地使用权证"上证明。

4. 权证收押、合同退回

开发商负责将购房借贷人"房屋所有权证"和"土地使用权证"交银行收押。为防止购房借贷人擅自处分抵押财产危及银行抵押权利益，我国内地借鉴香港地区按揭的做法，在贷款期间该权证都由银行占管。房屋土地登记机关向银行发放房地产他项权利证。银行归还购房借贷人商品房预售或销售合同原件。

四、按揭中的风险及其化解

按揭法律关系主体多、利益关联复杂、交易环节多、手续纷繁，主要的法律关系主体购房借贷人（按揭人）、银行（按揭权人）、开发商（按揭保证人）三方面临着不同的风险。

（一）源于开发商的风险及其化解

1. 开发商欺诈性骗贷

开发商欺诈性骗贷典型的为"假按揭"，即开发商伪造虚假商品房预售或销售合同，骗取银行贷款，用于其他用途，或者携款而逃。这种情况多发生在期房按揭中。

2. 开发商经营不善楼盘烂尾

开发商取得银行拨付的贷款后，由于经营不善，导致楼盘烂尾，无法按期交楼，致使商品房预售合同无法继续履行，可能导致购房借贷人与银行按揭贷款协议无法正常履行，有些购房借贷人甚至停止还贷或引发按揭贷款合同随之解除。但从法律上讲，按揭贷款合同是独立于商品房预售合同而存在的，即便发生上述情况，按揭贷款合同未解除前，购房借贷人与银行的按揭贷款协议仍需正常履行，购房借贷人停止还贷会引致承担违约责任。为防范商业银行的该项风险，2006 年中国人民银行做出规定，商品房封顶之前商业银行不得发放按揭贷款。

3. 商品房质量不合格

开发商取得银行拨付的贷款后，向购房借贷人所交付商品房的质量不符合法定标准或商品房预售合同的约定，购房借贷人与之产生纠纷，甚至要求解除预售合同。这些都可能导致有些购房借贷人停止还贷或引发按揭贷款合同随之解除。提高购房借贷人首付款比例，令开发商承担保证责任可在一定程度上化解该项风险。

4. 购房借贷人无法按期领到房地产权证

开发商取得银行拨付的贷款后，由于开发手续残缺或商品房质量不符合法定标准未验收合格，导致购房借贷人无法按期领到房地产权证进而停止还贷，银行更无法按期取得购房借贷人所购房地产的抵押权。国家规范开发商为购房借贷人办理产权过户手续的行为，令开发商承担保证责任可以化解该项风险。

（二）源于购房借贷人的风险及其化解

1. 购房借贷人有主观恶意不愿偿还贷款

现实中，不排除部分购房借贷人可能通过弄虚作假等不正当手段骗取贷款，不予偿还；同时，也有一些人主观上认为放弃继续还款会获得更大的利益，从而产生违约行为。如在经济处于低谷、所购买房地产价值狂跌的情况下，借款人就有可能放弃所购房屋，并拒绝继续偿还贷款。目前由银行对购房借贷人的贷款资质进行严格审查，加上令开发商承担保证责任可在一定程度上化解上述风险。今后应尽快建立社会性的个人信用制度，防范此风险。

2. 购房借贷人遭受意外导致偿还贷款不能

购房借贷人遭受意外导致偿还贷款不能主要指购房借贷人因遭遇不幸事故、意外伤害、发生重大疾病等原因导致死亡或严重伤残、丧失工作能力而失去继续偿还贷款的能力；或因所在单位倒闭、撤销、被兼并、政策性裁员等个人无法抗拒的原因而失业或造成收入下降，致使其无法继续偿还贷款。目前主要通过对购房借贷人的贷款资质进行严格审查，提高首付款比例，控制贷款额度，令开发商承担保证责任等化解上述风险。今后应建立完善社会保险和商业保险制度，防范与化解此风险。

3. 购房借贷人自身的非理性选择导致偿还贷款不能

购房借贷人自身的非理性选择导致偿还贷款不能主要指购房借贷人超越自己可控制的经济能力贷款后无力偿还贷款。“房奴”就是典型的购房借贷人因自身原因导致其偿还贷款困难甚至不能的情形。由银行对购房借贷人的贷款资质进行严格审查，提高首付款比例，可在一定程度上化解上述风险。2006 年 5 月，国务院九部委联合出台了房地产宏观调控“国十五条”，其中有区别地提高住房贷款最低首付款比例的规定，对于化解上述风险有重要意义。

(三)源于按揭担保物的风险及其化解

一般情况下，按揭担保物即房地产本身是银行贷款安全最基本的保障，一旦借款人在还贷上发生违约行为，按揭权人有权依法定程序扣押、拍卖、变卖担保物，获得优先清偿。但在特殊情况下，银行的这种优先权存在无法确定实现的风险。

1. 因不可抗力或意外事件按揭担保物毁灭

房地产这一按揭担保物在借款人还贷期间可能因不可抗力或意外事件而致损毁、灭失，银行作为按揭权人的利益实现会受到影响。

2. 因按揭人或第三人损毁致使按揭担保物价值贬损

由于按揭人或第三人有意或无意损毁房地产这一按揭担保物(如房屋装修中损坏了承重墙)，造成房屋价值急剧下降，以致实际价值低于未偿还的贷款本息余额，银行作为按揭权人的利益实现会受到影响。

从法律上讲，按揭贷款合同独立于商品房预售合同而存在，即便发生上述情况，按揭贷款合同仍继续有效，虽然银行作为按揭权人的利益实现会受到影响，但购房借贷人与银行之间贷款的债权债务关系未发生改变，购房借贷人仍然负有向银行继续偿还贷款的义务，其停止还贷会引致承担违约责任。

令购房借贷人办理按揭贷款标的物财产险，令开发商承担保证责任均可完全化解上述风险。

(四)源于市场体系不健全的风险及其化解

在我国房地产市场体系尚未健全及缺乏相应配套措施的情况下，银行在按揭贷款无法收回时，往往难以实现其债权。

1. 房地产价格不真实

在我国，房地产评估业起步较晚，发展时间不长，问题较多，难免会出现房价高估，这无形中削弱了按揭担保物作为归还贷款本息的保证作用。规范房地产评估行为，完善相关制度可消减上述风险。

2. 经济波动、房价不稳

从长远看，房地产具有保值增值的特征，但在我国当前部分地区房地产价格非理性高涨的情形下，并不排除由于经济波动等原因导致房地产在一定时期内大幅贬值。这对购房借贷人将构成致命打击，他们有可能成为“负翁”，即手中的房地产现值全额不足以清偿尚欠银行贷款，而成为拥有负资产的人。对房地产市场进行宏观调控，稳定房价，可消减上述风险。

3. 拍卖成本高，常发“低拍”“流拍”

我国房地产市场体系还不完善，拍卖制度尚不规范、成熟，使得按揭担保物的拍卖成本加大，经常发生拍卖成交价低于市场价格，甚至拍卖失败。培育与规范房地产市场体系，完善相关制度，可消减上述风险。

(五)源于社会政策的风险及其化解

(1)社会安定考量。基于社会安定的价值判断，当购房借款人不能继续偿还贷款而银行欲实现按揭权——依法拍卖、变卖标的物时，银行有时会遇到困境，即是否要将借款人赶出其赖以遮风避雨的居所而致使其流离失所。这无疑会导致新的社会问题产生。我国《民事诉讼法》第233条规定："被执行人未按执行通知履行法律文书确定的义务，人民法院有权查封、扣押、冻结、拍卖、变卖被执行人应当履行义务部分的财产。但应当保留被执行人及其所扶养家属的生活必需品。"本款所称的"生活必需品"自然包括住房在内。当借款人用于抵押的房地产是借款人唯一的住房时，该抵押房屋就可能被认定为借款人的生活必需品，属于民事执行中应当保留的财产范围，不得强制执行，这主要是出于社会稳定和实现基本人权的考虑。建立和完善住房社会保险——廉租房制度可化解或消减上述风险。

(2)通货膨胀风险和利率波动。由于我国发放商品房按揭贷款的金融机构主要是专业银行的房地产信贷部门，其资金来源主要是储蓄存款，基本上属于短期资金来源，而住房按揭贷款期限一般较长，因此，金融机构就存在以短期资金负担长期贷款的风险，即流动性风险。如果通货膨胀率过高，银行贷款利率就会呈现出负数。对按揭贷款这种长期业务来说，银行风险较大。虽然，我国目前实行比较严格的金融管制，商品房按揭贷款确定后，在未来的还款期限内，商业银行的贷款利率会随中国人民银行基准利率的变动而波动，这在某种程度上消解了银行的利率波动风险。但对因宏观调控利率调高所引致的购房借款人普遍性提前还贷可能给银行造成的利息缩减风险也应予以慎重考虑。加快金融改革，处理好中国人民银行的金融调控与商业银行的营业自主性之间的关系，虽不能完全避免但可在一定程度上化解或消减上述风险。

(六)源于银行自身决策和管理缺陷的风险及其化解

各商业银行的个人住房贷款均处于发展阶段，对个人商品房按揭贷款的决策、管理尚缺乏成熟的经验和有效的手段，容易形成决策和管理的风险。如银行及其委托的律师对商品房预售合同本身和借款人资质审查不严，屡屡出现开发商"骗贷"事件，给银行的金融安全造成了很大冲击；对借款人发放了超过其支付能力的贷款致使其无力偿还贷款的事例更是屡见不鲜。目前，各商业银行的商品房按揭贷款中存在的决策和管理缺陷及商业银行与购房借贷人相比所具有的强势地位，给购房借贷人带来了不利影响，使之面临不确定风险。如银行在还款付息方式(等额本金还是等额本息)上对购房借贷人信息不透明，没尽告知义务或没有给购房借贷人自主选择权，造成购房借贷人不能决定自己如何合理分担自己的还款压力，这样的事例为数不少。完善银行自身决策和管理机制，建立行为规范，可在一定程度上化解或消减上述风险，同时还应在法律上倾向于对贷款人利益的保护。

第三节　我国商品房按揭若干具体法律问题的探讨

一、“假按揭”及其防范

（一）“假按揭”的含义、特征及分类

“假按揭”贷款主要是指开发商串通无真实购房意愿的购房借贷申请人或独立伪造购房借贷申请人，以虚假购房交易套取银行个人贷款并可能代替虚拟或不真实的购房借贷人归还贷款的行为。

“假按揭”有4个主要特征：第一，开发商伪造虚假购房合同。商品房预售合同或销售合同是按揭贷款合同合法性的基础，购房合同如为开发商伪造，按揭贷款合同就缺失合法性的基础，面临很大不确定性。第二，开发商虚高标注商品房买卖价款。按揭贷款额是按商品房预售合同约定价款的一定比例（不超过80%）确定的，开发商虚高标注商品房买卖价款，意图在于多圈占银行贷款，这给银行的贷款安全造成了相当大的威胁。第三，开发商不收取虚假购房人首付款。因开发商是伪造虚假购房合同，购房人不真实存在，因此开发商不可能收取到首付款，而首付款的真实支付对保障银行按揭权安全（变现的顺利）至关重要。第四，虚假购房借贷人不向银行承担还贷义务。购房人不真实存在，因而虚假购房借贷人也不可能履行借贷合同约定的还贷义务。以“融资”为目的的开发商，通常会代替购房借贷人向银行承担还贷义务；以“套现”转移贷款为目的的开发商为蒙蔽银行，通常也会阶段性地代替购房借贷人向银行承担还贷义务，但持续时间不会太长。

对目前已经发现的“假按揭”贷款，在法律上基本可以分为两大类：第一，有购房借贷申请人真实签名的购房合同（预售合同）和抵押借款合同的“假按揭”贷款。这种方式的“假按揭”贷款的主要特点在于：所有的申请资料和合同在形式上均是完备、合法的，借款人在向银行申请贷款时，均提交了真实签名的购房合同和其他申请资料，并与银行签订了个人住房借款合同。第二，开发商以伪造借款人签名的购房合同和借款合同申请的“假按揭”贷款。这种方式的“假按揭”贷款的主要特点在于：开发商为了骗取银行贷款，以伪造购房申请人（借款人）签名的方式向银行提供虚假的购房合同和其他申请资料向银行申请个人住房贷款，银行同意申请后，开发商伪造借款人的签名同银行签订购房合同，并以借款人的名义还款。

在上述两种“假按揭”中，以第一类为多，一般是开发商串通内部员工及亲属进行“假按揭”贷款。

开发商通过“假按揭”获得贷款后，一旦发生无法按时偿还贷款，开发工程“烂尾”，甚至携款外逃，而借款人也以没有真实购房为由主张合同无效并拒绝偿还银行贷款时，银行便面临极大的风险。

(二)“假按揭”成因探悉

“假按揭”的成因比较复杂，主要有以下几个方面：

1.“假按揭”成为开发商解决“资金短缺”的捷径，甚至是其实施违法犯罪的手段

1998年，我国启动住房体制改革，福利分房被终结。在此背景下，房地产市场进入快速市场化时期。期间，土地出让尚处在协议出让阶段，很多有关系但无资金实力的中小房地产开发企业、项目公司涌入房地产行业，本来用于解决购房借贷人买房资金困难的个人住房按揭，成了开发商解决“资金短缺”的捷径。2003年6月“央行121文件”出台，房地产开发企业的自有资金比例被提高，贷款门槛抬高，采用“假按揭”手法从银行骗贷有上升趋势。许多开发商将假按揭作为一种融资渠道，这成为房地产实务中的“潜规则”。而个别商业信誉极为败坏的开发商则将“假按揭”作为一种恶性圈占银行贷款后携款外逃违法犯罪的手段。据一些商业银行的内部调查，“假按揭”风险已逐渐成为个人住房贷款中危害最大、发生频率最高的风险之一。

2. 商业银行为争夺贷款市场份额而非规范操作，给开发商以可乘之机

从2000年到2002年前后，个人住房按揭作为优质业务广受各银行追捧。2003年国家对房地产开发收紧银根前，各大商业银行为争夺市场份额争先恐后给开发商发放贷款，几乎每家银行的分行、支行都有“任务指标”。“森豪公寓骗贷案”主角之一，原中国银行北京分行零售业务处某副处长曾在庭审中称：“刚开始办房贷时竞争激烈，要求并不严格，总行要求我们业务量成倍地涨，我们四处找放贷项目，竞争激烈的情况下银行同意森豪不用办房屋抵押登记。”

3. 虚假购房人被开发商威逼、蒙蔽、利诱，成为“假按揭”的道具

开发商假借他人个人信息，炮制虚假购房交易的惯用手段主要为：第一，威逼利诱本企业员工，迫使其提供身份证明、签订虚假合同。典型的为盛鑫嘉园“假按揭”案。在中盛鑫公司与中国工商银行北京分行西城支行的贷款纠纷中，中盛鑫公司的前任高管曾以“不配合即刻辞退”的方式逼迫其30多名在职员工签订虚假的购买盛鑫嘉园的预售合同和向中国工商银行北京分行西城支行贷款的按揭借款合同。第二，骗取亲朋提供身份证明、签订虚假合同。典型的为立恒名苑“假按揭”案。2000年年末，立恒名苑开盘，开发商法定代表人、销售人员的亲朋好友80多人应邀到场捧场，受“只为制造热销气氛——现场造势，肯定不会承担任何责任”的谎言所蒙蔽，纷纷在空白合同上签字。直到2006年6月，北京市朝阳区人民法院电话通知出庭受审，他们才知道各自替开发商向银行背负了住房贷款债务。第三，有偿购买虚假“业主”信息。开发商给每张身份证持有人一定报酬(数千元左右)，由持有人在贷款合同上签字。开发商对虚假购房人承诺无须交纳首付款，也不承担按揭贷款偿还义务，该义务完全由开发商承担。在上述分析中，正是由于虚假购房人轻信开发商的虚假表述，对个人资信持极不严肃态度，才助推“假按揭”得逞。

4. 开发商实施“假按揭”大多有负责按揭贷款审查的银行职员或银行委托的律师暗中配合或合谋

银行发放按揭贷款，应严格依法定的条件与程序及各商业银行制定的具体业务规范、操作规程实施。《个人住房贷款管理办法》第5条规定：“借款人须同时具备以下条件：一、具有城镇常住户口或有效居留身份；二、有稳定的职业和收入，信用良好，有偿还贷款本息的能力；三、具有购买住房的合同或协议；四、无住房补贴的以不低于所购住房全部价款的30%作为购房的首期付款；有住房补贴的以个人承担部分的30%作为购房的首期付款；五、有贷款人认可的资产作为抵押或质押，或有足够代偿能力的单位或个人作为保证人；六、贷款人规定的其他条件。”第6条规定：“借款人应向贷款人提供下列资料：一、身份证件(指居民身份证、户口本和其他有效居留证件)；二、有关借款人家庭稳定的经济收入的证明；三、符合规定的购买住房合同意向书、协议或其他批准文件；四、抵押物或质物清单、权属证明以及有处分权人同意抵押或质押的证明；有权部门出具的抵押物估价证明；保证人同意提供担保的书面文件和保证人资信证明；五、申请住房公积金贷款的，需持有住房公积金管理部门出具的证明；六、贷款人要求提供的其他文件或资料。”第8条规定：“贷款人发放贷款的数额，不得大于房地产评估机构评估的拟购买住房的价值。”银行或银行委托的按揭贷款审查律师，如果严格执行有关规定，尽职尽责，实地察看贷款人购买住房的真实状况；认真考察购房贷款申请人的个人资信，考察其有无偿还贷款能力，“假按揭”根本不可能发生。

(三)“假按揭”风险之防范

防范“假按揭”应从以下几方面着手：

银行在与开发商签订按揭贷款合作协议之前应对开发商的合法性、资信状况以及开发项目的合法性、真实性、进展情况、现状、周围市场价格等进行严密、周到的调查、核实。银行在受理开发商移交的购房借贷人提交的按揭贷款申请后，应亲自或委托律师对作为申请按揭贷款基础的商品房预售合同或销售合同及其报政府备案情况、首付款凭证的真实性及内容进行审查，并严格对购房借贷人的资信情况进行调查核实。严格执行房地产价格评估的有关规定，为防范价格高估，必须亲自到现场测量、查看、对比。严格规范商业银行内部(银行工作人员)和外部(银行委托的按揭贷款审查律师、估价师)的按揭贷款审核、批准流程制度，建立审核、批准负责制、问责制，上述机构、人员构成违法犯罪的，依法追究其法律责任。严格禁止开发商以任何借口实施“假按揭”，加重其违法犯罪应承担的法律责任。公民个人与开发商合谋，或被开发商威逼、蒙蔽、利诱，成为“假按揭”道具，有过错的，应依法承担法律责任。

二、提前还贷购房借贷人是否应承担违约责任

(一)提前还贷的主要诱因及银行对该行为采取的对策

1. 提前还贷的主要诱因

购房借贷人实施提前偿还贷款行为的诱因包括传统理财观念影响、收入状况的改善、经济能力预期发生变化等。中国人传统的“不愿负债”的观念深厚，虽然消费信贷在我国推出已有很长时间，也逐渐为一部分人接受，有些人迫于购房时的经济压力选择了按揭贷款方式支付购房款，与银行确定了按揭贷款法律关系，但人们大多不习惯背负沉重的债务“潇洒”地生活。当购房借贷人继承了遗产、变卖了其他财产或有幸被升职加薪，或者经济能力预期发生变化，感知到自身的收入和支出的预期难以把握，都可能在签订借贷合同后产生提前偿还贷款减少利息支出的想法，以早日解脱今后还贷的负担。

以上主要是由借款人自身主观原因而引发的提前还贷。但据有关专家分析，在我国，市场利率变动这一客观原因才是购房借贷人大范围提前还贷的真正诱因。因为每当中国人民银行对人民币基准利率做出相应变动时，商业银行包括按揭贷款在内的存贷款利率也随之变动。而且，每当按揭贷款市场利率上升时，都将引发大范围的普遍性提前还贷。每一笔按揭贷款合同的利率是按该按揭贷款合同订立时的基准利率和法定可浮动的利率限额确定的。当然，这一利率水平不是固定的，而是浮动的。依中国人民银行《个人住房贷款管理办法》第 14 条的规定，个人住房贷款期限在 1 年以上的，遇法定利率调整，于下年年初开始，按相应利率档次执行新的利率规定。在市场利率上升的情况下，从第二年 1 月 1 日起各贷款商业银行将按新的贷款利率计算利息，此举无疑增加了已与银行确定按揭贷款关系的购房借贷人的利息支出，使其产生强烈的提前还贷的冲动。

2. 银行对该行为的对策

银行对提前偿还按揭贷款的对策经历了三个阶段的变化：1999 年以前，商业银行对提前还贷基本不表示反对，但也不会根据实际用款期限调整利率标准，因为期限越长利率越高，所以缩短期限后仍适用原合同利率标准就等于借款人做出

了补偿。1999年到2000年，商业银行逐步对提前还贷进行一些限制，这些限制如：必须由借款人提出申请并经贷款方同意，短期贷款提前还必须一次还清，分期付款调整还款计划的要受额度上的限制等。2001年，商业银行明确提出考虑向提前还贷行为收取违约金的阶段，自2002年5月起，中国工商银行、中国农业银行、中国银行、中国建设银行等8家银行研究对住房贷款中的提前还贷行为收取一定比例的"违约金"，一些商业银行的分行或支行甚至已经进行了一些试点。这一举动引起很强的社会反响。

(二)关于对提前还贷应否收取违约金的争议

对提前还贷，银行应否收取违约金，人们产生了很大争议：

1. 认为对提前还贷应收取违约金

银行方面和部分学者赞同对提前还贷收取违约金。理由如下：一是借款合同中规定有明确具体的还款计划和还款期限，提前还贷实质上是借款人单方变更合同有关条款，属违约行为。二是提前还贷的情形不一，银行无法运用计算机进行快速操作，只能主要依靠人工来完成，这样就增加了银行的业务量，造成人力资源的大量占用。三是提前还贷使得银行原有的贷款计划被打乱，中长期预期收益也受到影响。四是在银行资金宽松的情况下提前还贷，增加了银行再投资的风险。五是造成银行资金大量闲置，也造成银行收益减少。六是对提前还贷行为收取一定比例违约金是国际惯例，在经济全球化的时代更应当尊重国际惯例。

2. 认为对提前还贷不应收取违约金

购房借贷人和大多数学者极力反对银行对提前还贷收取违约金。理由如下：一是购房借贷人的此种行为并不违反现行法律、商业规则及道德规范的要求。关于不具有违法性，他们主要从《民法总则》和《合同法》分则等有关民事法律及中国人民银行制定的一系列部门规章中寻找提前还贷行为的正当性依据，从而驳斥银行收取违约金行为的正当性。传统民法理论向来鼓励债务人积极诚信地履行债务，从无禁止借款人提前偿还贷款的禁止性规定。二是提前还贷有利于社会整体效率，应当受鼓励。购房借贷人提前还贷可以使其节省大量的时间，避免每月到银行按时办理还本付息的烦琐手续，那么银行作为金融服务机构，应该在其服务范围内牺牲一点人力和时间为众多购房借贷人提供便利。如果说资金宽松的情况下提前还贷会造成银行资金的闲置，从而减少收益；那么当银行资金紧张时，购房借贷人提前还贷应当给予支持和鼓励。而且资金的流动性，对商业银行来说有至关重要的作用，提前还贷行为无疑增加了银行资金的流动性。银行面临的最大风险不是提前还贷所带来的，而是购房借贷人不能按时还款或者不还款所带来的。在当今社会整体信用环境并非良好的情况下，提前还贷的做法体现了借款人良好的信用意识，这样的恪守信用的行为银行应当鼓励。三是银行的做法是在转嫁风险，使购房借贷人处于不利境地。购房借贷人提前还贷是银行必须面对的正常商业风险。提前还贷带来的银行收益减少是银行必须面对的正常商业风险，因为银行作为专业的金融机构，应该有一定的风险预见和防范能力；在出现市场利率调整或宏观政策变动的情况时，应该由银行来面对相应的风险，而不应该转嫁给购房借贷人。

(三)提前还贷购房借贷人是否应承担违约责任

借款人(购房借贷人)提前还贷的愿望和要求与贷款人(银行)设置限制性条件之间的矛盾依然会长期存在。这个矛盾背后隐藏着借贷双方的直接利益冲突：借方提前还贷可以减少利息支出，这就必然导致某一具体借贷关系中贷方预期利息收益的减少。

比较上述两种对立观点及其理由，很明显，反对银行收取违约金的声音更强一些，也更有说服力。提前还贷从静态上和局部上减少银行的预期收益，其不仅使银行失去了合同约定的利息收入，还使单笔贷款业务的流程复杂化，造成成本的增加，所以银行及其利益的支持者会当仁不让地认为提前还贷需要承担违约责任。当然，无论何种理由，对银行来说最明显的目的还是希望将市场因素或宏观政策变动带来的风险转移到作为借款人的购房借贷人身上。银行作为借贷合同中的贷方，凭借其资金、信息和其他资源上的优势，无疑是占有较主动地位的一方，可以给借方设定较多的限制性或约束性条款，使得自己的利益最大限度地得以实现。

我国目前市场利率变动这一客观原因才是购房借贷人大范围提前还贷的真正诱因。因为每当中国人民银行对人民币基准利率做出相应变动时，商业银行包括按揭贷款在内的存贷款利率也随之变动。如果说违约责任是民法上的一项“自己责任”，即作为理性人的民事主体在意思自治、契约自由前置条件下，为不信守自己的承诺所付出的代价；那么，在我国利率管制下的银行与购房借贷人的关系根本就非真正意义上的意思自治、契约自由前置条件下的民事法律关系。购房借贷人对未来若干年的利率变动无从把握，因此其基于非完全理性选择确定的借贷关系的变动(提前还贷行为)就无所谓违约。同时，当基准利率上调引致市场利率上升时，必然增加购房借贷人的利息支出，这部分风险应由更具有抵御社会风险实力的银行来承担。进而，基于保护购房借贷人整体利益、整体经济效率的观念，原则上反对银行对提前还贷行为收取违约金。

当然，可以对银行做出稍许让步，允许其收取少量数额的手续费或补偿金；银行可以在订立合同时与购房借贷人约定这些内容，以适当降低自身的风险。当然，从增强银行防范和抵御风险的能力来看，银行主要应扩大其投资面，通过多渠道投资来转移资金，降低购房借贷人随机性提前还贷的不利影响。这实为银行应承担的一项“社会责任”。

第七章 房地产租赁研究

租赁是房地产交易的重要形式之一，也是房地产市场的重要组成部分。无论是在缓解住房供需矛盾，满足生产经营需要方面，还是在充分利用财产价值，合理利用资源方面，租赁都起着十分重要的作用。因此，房地产租赁制度一直是国家法律制度的重要内容之一。从发达国家和地区的情况看，一个完善、发育的房地产市场是以存量市场的发达程度为标志的，通过租赁市场使已有房屋资源合理流动，是满足住宅和生产经营用房需求的重要途径，也是世界各国的通行做法。

第一节 租赁与房地产租赁

一、租赁的功能

租赁作为商品交换的法律形式由来已久。在历史发展中，租赁的形式与内容随着人类社会的发展而不断发展。因此，人们在使用“租赁”一词时，其含义与具体表述也不尽相同。我国古语云：以物赁人取其值为租，借他人财物付出费用为赁。可见，“租”是物的所有权人的行为，“赁”是物的需用者的行为。《简明不列颠百科全书》的解释为：租赁指定期或不定期对财产为排他性占有(通常是，但不限于土地和建筑物)的契约。依我国《辞海》的解释，租赁是指出租人将财物交承租人使用，承租人交付一定的租金，出租物的所有权仍为出租人所有，承租人对所租物只有使用权。从国外立法来看，租赁一词有广义、狭义两种理解：广义的租赁包括动产与不动产租赁；狭义的租赁仅指不动产租赁，而对动产租赁则用租用来概括。世界各国和地区均不乏对租赁的规定，如《法国民法典》第 1 709 条规定：“称其为物的租赁者，谓当事人之约定，一方在一定期间内以物租与他方使用并收益，他方支付租金的契约。”《意大利民法典》第 1 571 条规定：“租赁是指一方负有使他方在一定期间内享有一项动产或者不动产的义务并获得一定租金的契约。”我国台湾地区规定：“称租赁者，谓当事人约定，一方以物租与他方使用、收益，他方支付租金之契约。”不论是动产租赁还是不动产租赁，其基本含义都是出租人依照租赁契约的约定将其财产出租给承租人使用，承租人向其支付租金，并在租赁期限届满时，将财产返还给出租人的行为。

在租赁关系中，承租人无须负担巨额费用以取得物的所有权，仅仅支付相当的代价，即可获得近乎所有的使用收益。租赁有益于物的使用效能的发挥，且能够弥补资源分配不公而招致的缺陷。租赁作为一种特殊的商品交换方式，自产生以来就以其特有的功能在社会经济生活中发挥着重要的作用。

(一)从经济管理角度看，租赁是一种重要的资源配置方式

当某种财产或资源的所有权关系已经确定，所有权人不必要或不方便利用其财产，而不拥有财产的人因生产、生活需要而必须或急需使用这种财产时，租赁是调节财产或资源的余缺，解决供需矛盾的最佳方式。它直接或间接地使资源或财产得到了优化配置。

(二)在市场经济条件下，租赁是节约和合理利用资源或财产的最佳方式

凡是在生产、生活中必须使用但又无力获得的财产，通过租赁可以取得占有、使用权，来满足生产、生活的需要，而对于拥有多余或闲置房屋的人讲，租赁可以使其提高财产的利用率，获得所期望的经济效益。可以说，租赁对租赁双方当事人都是最大的节约，同时，也有效地减少了社会财富的浪费。

(三)在社会经济生活中，租赁是一种信用形式

信用是商品经济发展到一定阶段以后出现的、以偿还为条件的价值运动形式。在租赁行为中，承租人不要求得到财产的所有权，而以获得一定时间的使用权为目的，其条件是分期支付租金，租赁期届满后再将租赁财产归还其所有者。财产所有者能以预期的租金为条件将自己的财产交由承租人占有使用，也是基于一种信任。就此而言，租赁是一种由出租人向承租人以实物形态提供的信用。其与商业信用的主要区别在于：商业信用中的分期付款是购买物的所有权，而租赁中的分期交付租金所获得的是物的使用权。

房屋是一种价值较大的生产、生活资料，同时又是人们生产、生活所必需的物质条件。对承租人来讲，在购买力有限或者无须长期使用的情况下，房屋租赁便成为满足房屋需求的一种较为理想的途径：对出租人来讲，通过租赁将多余的房屋出租出去，获得相应的收益，做到物尽其用，同时，又不转移所有权，不影响其今后对房屋财产的拥有，这也是一种比较理想的经营方式。长期以来，房屋租赁就是民间调节住房余缺的主要方式，也是无房者解决用房困难，满足生产经营用房需要的重要途径。

二、房地产租赁的特征

在现实社会生活中，房地产租赁的形式和内容多种多样，在不同的国家乃至同一个国家的不同历史时期，也会有很大的差异。但从法律的角度看，房地产租赁具有以下几个基本特征：

(一)房地产租赁是一种互务合同关系

租赁作为一种特殊的交易形式，其产生通常以互利为条件。出租方和承租方要实现租赁的目的，需以相互给付为前提，出租方要将其房地产交给承租方占有和使用，如实现都有赖于对方义务的履行。就此而言，它同情况与之相类似的借用，有着明确的区别。正如史尚宽先生所讲，因租赁出租人负担使承租人为物之使用收益之债务，承租人负担支付租金之债务，而此两个债务互为对价，故租赁为双务契约或有偿契约。

(二)房地产租赁是以房屋财产的使用权为标的的合同关系

租赁以转移房屋财产的占有、使用权为实质内容，实质上是房屋使用权的交易。租赁区别于买卖的重要特征。在租赁期内，出租人对出租的房屋仍享有所有权，其集中体现为出租人对租赁物的收益权和处分权。例如，出租人将房屋出租后，仍可对其实施转让或抵押行为，并要承担租赁房屋意外灭失的风险。承租人在租赁期满后负有返还租赁房屋的义务，并在租赁期间不得擅自对租赁房屋行使处分权。

(三)房地产租赁是一种有明确期限的法律关系

从理论上讲，租赁的存在是以租赁物的使用权与所有权分离为前提的，但这种分离不具有永久性。无论租赁的期限有多长，当期限届满时，承租人要无条件地将租赁房屋归还给出租人，双方依合同约定享有的权利和义务随着租赁期限的届满而终止，这是租赁与转让的一个重要区别。

(四)房地产租赁以承租人对租赁房屋的占有及排他性控制和出租人收取租金为实质内容

对他人房屋财产进行排他性的占有和控制，是承租权的实质内容。在租赁关系中，承租人对承租的房屋财产享有排他性占有、控制的权利，这是租赁关系的本质特征，也是租赁与许可关系的重要区别。在许可关系中，如旅馆和客人的关系，表面上看与租赁关系颇有相似之处，但客人作为被许可者，虽然可以自由出入旅馆，并在其内定期居住，但他们对所住的房间没有排他性的控制权，不具有承租人的地位。其与旅馆之间的关系，不是租赁关系，法律对其进行保护适用的是不同规则。

三、我国房地产租赁的分类

租赁作为人类社会生活中调节财产余缺的一种重要方式，其内容和形式是随着人类社会的发展而不断变化的。在罗马法里，以金钱为对价，将物或劳力之利用让给他人之约定，广称租赁，其分为物之租赁、工作之租赁及劳务之租赁三种。此分类由《法国民法典》继承，后演变为物之租赁、雇佣与承揽，德国民法将租赁分为使用租赁和用益租赁。在英美法系国家，有动产租赁与不动产租赁之分。总之，从国内外的有关立法来看，一般是以租赁目的和租赁物的性质为标准划分租赁的类型，现在房地产租赁常见的分类主要有：

(一)根据房屋租赁的目的可将房屋租赁分为住宅租赁与商业租赁(非住宅租赁)

住宅租赁是以居住为目的的房屋租赁，为了保证承租人的基本生活需要，国家对此种租赁的租金一般都通过立法予以控制。商业租赁主要是指以生产经营为目的而进行的房屋租赁。其租金标准通常由市场来调节，国家一般不予干预。

(二)根据出租房屋所有权的性质可将房屋租赁分为公房租赁与私房租赁

公房租赁是指以国家或集体所有的房屋为租赁标的而建立的房屋租赁关系。私房租赁是指以公民个人所有的房屋为租赁标的的房屋租赁。在我国公房租赁与私房租赁分别适用不同的法律规则。在国外及我国香港地区，这种分类同样存在，不同的是公房租赁主要是指由公共管理部门出资建造、经营管理，并出租的住宅房屋，主要表现为廉租屋或公屋。

(三)根据租赁的性质可将房屋租赁分为城镇廉租住租赁和一般房屋房租赁

城镇廉租住房是指政府和单位在住房领域发挥社会保障职能，向具有城镇常住居民户口的低收入家庭提供的租金相对低廉的普通住房。廉租住房的租赁是政府为建立和完善多层次的住房供应体系，解决城镇最低收入家庭的住房问题而采取的一种社会保障性质的房屋租赁方式。根据《城镇最低收入家庭廉租住房管理办法》的规定，廉租住房的承租实行申请审批制度。首先要由申请人持最低家庭收入证明、住房情况证明及其他规定的证明文件向市、县级房地产行政主管部门提出申请；房地产主管部门对申请人的证明文件进行审核，并在适当的范围内公告，对于无异议的，予以登记；被登记者按照住房困难程度和登记顺序等条件，经综合平衡后轮候配租。廉租住房的租金标准实行政府定价。承租廉租住房的家庭其收入超过当年最低收入标准时，应当及时报告，并按时腾退已承租的廉租房。可见，廉租住房租赁虽然属于房屋租赁的一种，但明显区别于一般房屋租赁。

第二节　房地产租赁双方当事人的权利和义务

在房地产租赁法律关系中，主体双方的权利与义务是相互对立，相互依存在的。权利的义务通过相应的权利来体现，权利人的权利通过相应的义务来保证，这是民事权利、义务一致性的体现。调整房地产租赁关系的法律规范属于合同法的范畴，在意思自治的原则下，租赁主体双方的权利与义务的确定是当事人的个人行为。合同法律关系的内容，主要是约定的权利和约定的义务。但国内外的立法实践以及房地产租赁制度发展的历史表明，在房地产租赁合同尤其是住宅的租赁合同中，当事人间相互权利、义务的确定，受到了国家法律的强有力干预，当事人双方的意志与国家意志的要求达到了高度的统一。法定权利、义务与约定权利、义务的一致性，得到了最充分的体现。

一、出租人的权利与义务

(一)出租人的权利

在房地产租赁法律关系中，处于优势地位的房屋所有权人作为出租方，所享有的权利与义务主要有以下几个方面：

1. 租金收取权

获取租金是出租人出租房屋的主要目的，也是出租人实现收益权的主要形式。出租人有权根据房地产租赁的种类、期限及市场租金等因素，与承租人在房地产租赁合同中约定租金的收取标准、方式、时间，以及租金调整等事宜。房屋租赁合同生效后，出租人有权按照租赁合同约定向承租人收取租金。当承租人不依约交付租金或无正当理由拒付租金时，出租人享有租金请求权。

2. 租金调整权

在房地产价格上涨、税负增加以及出租房屋用途发生变化等原因，使租金与相邻类似房屋的租金相差悬殊时，出租人有权要求调整未来期限的租金。国外有关立法通常对此项权利的行使做出限制性的规定，以防止出租人以驱赶承租人为目的行使租金调整权。房地产租赁本身是一种商品交换关系，而且是一种持续性的交换关系，一般期限都比较长，在较长的租期内遇到意外情况或市场行情变化在所难免。出租、承租双方的利益关系会出现失衡，相对承租人有权请求降低租金而言，出租方调整租金的权利，理应受到保护，但应符合法定的条件。

3. 房地产转租的许可权

由于转租、分租与转让实质是对租赁物行使处分权的行为，在法理上其属于房屋所有权人的权利。承租人能否对所承租的房屋进行转租，出租方有最终的决定权。但出于合理利用租赁物的考虑，国外有关立法基本上都明确规定，承租人经出租方同意可以对租赁的不动产进行转租或转让。出租人的许可或同意，通常取决于三个方面：一是对接受转租或转让的次承租人的信任和信心；二是次承租人使用房屋的用途和方式；三是承租人与次承租人订立的转租、转让合同的内容。尽管转租与转让几乎是一项法定的权利，但该权利的行使仍以出租人的同意为前提，出租方有权根据房屋合理利用及租金保障方面的考虑，做出是否允许承租人转让、转租的决定。承认并保护出租人的该项权利，是各国立法普遍遵循的原则。

4. 特定条件下的解约权

解除合同为法律行为，依解除权人的一方意思表示而成立。无须相对人的承诺，属于单方行为；解除为非要式行为，以解除的意思表示为相对人可能了解或达到相对人而生效；解除具有消灭契约的效力。契约经解除者视为自始末成立。在承租人违反合同约定或无正当理由拒绝履行约定义务时，出租人有权解除房屋租赁合同。为了保护出租人的利益，不少国家通过立法明确规定，出租人在特定条件下享有解约权。如《瑞士债法典》第 265 条规定，合同期满前，承租人不支付到期租金，出租人可通知其在限定时间内支付欠交的租金，否则将解除合同。承租人破产的，出租人有权解除合同。《德国民法典》第 553 条也规定承租人或者从承租人处取得租赁物的人，不顾出租人的劝阻，继续违反合同约定使用租赁物，严重损害出租人的利益，尤其是放任第三人为无权让与的使用，或者因承租人怠于履行应尽的注意义务，致严重危害租赁物的，出租人可以不遵守预告解约通知期限，通知终止租赁合同。此外，还规定承租人迟付租金或迟付并非不重要部分的租金连续达二期以上，或者在超过两期以上租金的期间迟付租金的总额达到两个月的租金额的，出租人可以不遵守预告解约通知期限，通知终止租赁关系。由此可见，承租人迟付租金，违反合同约定使用租赁物，严重损害出租人利益，以及破产，都可以成为出租人行使解约权的条件，并且在行使解约权时，可以不受预告解约通知期限的限制。

5. 房屋收回权

收回权是出租人基于房屋所有权而享有的一种权利。该权利的行使可使因租赁而分离占有权、使用权回归所有权，使所有权恢复完满状态。房屋收回权的行使通常发生在房地产租赁关系终止之后，并通过承租人的归还行为得以实现。房地产租赁合同期满，承租人不要求续租或无法以同等条件续租的；房地产租赁合同期限未满，房屋承租人退租或因严重违约或违法而被提前终止房地产租赁合同的，出租人有权收回出租的房屋。也许是因为该项权利的行使对出租人来讲为理所当然，在理论上或者实践上均无大碍，法律对其进行保护并非都表现为明文规定。

(二)出租人的义务

承租人订立房地产租赁合同的主要目的在于对所租赁房屋获得排他性占有、使用权，以满足生产、生活的需要。因此，依合同约定交付房屋供承租人使用、收益，是出租人的首要义务，也是承租人的权利得以实现的必要条件。出于保护处于弱势地位的承租人的需要，国外有关立法对出租人的义务的规定比对其权利的规定更加全面具体。概括起来主要有以下几个方面：

1. 交付房屋

交付房屋是房屋租赁合同成立后，出租人履行合同的首要义务。出租人交付房屋的行为主要体现为交付房屋的实际占有。房屋租赁合同规定租赁物包括地上建筑物及其附属物的，出租人交付的房屋必须符合合同约定的条件。如《德国民法典》第 536 条规定，出租人应将符合约定状态的租赁物交付承租人，并在租赁期间使租赁物保持此种状态。

2. 租赁物的瑕疵告知和担保义务

与租赁物交付义务密切相关的义务就是租赁物的瑕疵告知和担保义务。瑕疵担保义务包括物的瑕疵担保义务和权利的担保义务。前者是指出租人应担保所交付的租赁物能够为承租人正常使用、收益；后者是指出租人要保证所出租的标的物没有任何人包括出租人自己，享有比承租人更大的权利。如果出租人交付的租赁物不能为承租人正常使用、收益，出租人应承担违约责任，承租人得解除合同或请求减少租金。对于房地产租赁无论合同中是否有明确约定，出租人都应负有瑕疵担保义务。之所以将瑕疵担保义务赋予出租人，主要是因为出租人尤其是房屋的出租人，就保持租赁物处于良好的维修养护状态而言，比承租人处于更优越的地位。由他们承担租赁标的瑕疵担保责任，如同生产者承担产品的瑕疵担保责任一样具有合理性。因此，无论是英美法系国家还是大陆法系国家都有明确的规定，并将瑕疵担保规定为出租人的法定义务。如《法国民法典》第 1 721 条规定："出租人对其出租物所带有的妨害使用的瑕疵或缺陷，向承租人负担保责任；即使出租人在订立租约时并不知道此种瑕疵或缺陷，亦同。"《合同法》第 228 条规定："因第三人主张权利，致使承租人不能对租赁物使用、收益的，承租人可以要求减少租金或不支付租金。"《意大利民法典》第 1 585 条规定，出租人要对第三人主张同一财产的权利所导致的降低租赁物的使用或者享用的妨碍，向承租人提供担保。

可见，租赁合同的出租人就其交付的租赁物负瑕疵担保义务是国外立法的共同要求。瑕疵担保义务在传统民法上得以存在的一个主要原因是传统民法就违约责任采用过错推定责任原则，违约方可以经由举证证明自己没有过错而免于承担违约责任，这对于已支付了全部对价的非违约方来讲，未免有失公平。因此传统民法上在出租人违反物的瑕疵担保义务时，通过对无过错责任原则的规定，以救其弊。由于《合同法》就违约责任采用无过错责任，这就使得出租人所承担的租赁物的瑕疵担保责任丧失了其独立存在的价值，这种前提下，租赁物存有瑕疵而承租人于订立合同时不知晓的，属出租人义务的不完全履行，承租人可以要求出租人承担违约责任。

3. 保证租赁物能正常使用

在租赁关系存续期间，出租人有义务保证房屋的状态符合约定。当承租人对房屋的使用、收益受到妨害或出现受妨害的危险时，出租人有义务除去妨害或防止可能的危险发生，保证承租人对房屋的正常使用。此义务的履行不以存在可归责于出租人的事由为条件。美国自 1970 年以来，绝大多数州在住宅性租约中均设立了适宜居住的默示担保义务。在有些州，该默示担保义务是通过司法审判确立的；在另一些州，则过立法程序规定该担保义务。按照这种担保义务，出租人有义务按照地方法规的要求维护好房产。当出租人违反该担保义务时，承租人支付的租金一般可以根据因出租人违反该义务所导致的出租价值的减少而减少。《法国民法典》将保持出租物处于在租赁目的之内能正常使用的状态，明确规定为出租人的法定义务，该法第 1 719 条规定："出租人有义务保持其所交付的出租物在各方面均处于良好的修缮状态。"

4. 损害赔偿

出租人由于未履行法定义务，或者在正常情况下违反合同或实施侵权行为，给承租人造成损害的，应承担赔偿责任。不动产的出租人对承租人的损害赔偿责任极为复杂，可以大致归纳以下几点：第一，造成伤害的原因是出租人出租的房地产或其所控制的部分；第二，他对于造成伤害的危险条件知道或应当知道，但没有告知承租人；第三，租赁合同规定房东的维修义务有利于承租人损害赔偿的诉求；第四，成文法规定出租人负有维修义务和损害赔偿责任是受害人获得赔偿的一个重要法律根据；第五，危险状况是在签订合同时就存在还是进入以后出现的也是一个很重要的决定因素，一般来说，在签订合同之前就存在的危险状况容易获得赔偿。在美国，出租人对承租人承担损害赔责任，通常具有以下几个特点：①租赁契约规定房东有维修的义务；②危险状况在签订合同时就存在；③房东知道但是没有告知房客。所以法院判决房客可以获得损害赔偿。可见，关于出租人的损害赔偿责任承担问题，在英美法系国家，房屋出租人承担赔偿责任的条件仅限于未尽瑕疵告知及提醒注意义务；大陆法系国家严于英美法等国家，损害赔偿适用的范围更广，更有利于对承租人的保护。

5. 其他负担

从国外有关立法看，存在于房屋上的负担可以是税的负担、费用的负担，也可以是权利的负担。税的负担因租赁标的不同而有所区别，租赁物为房屋等建筑物的，税的承担应是出租人的义务。正像我国台湾地区学者史尚宽先生所讲，“就租赁物应纳一切税捐，由出租人负担。以出租人既已就租赁物为租金之收益，以使负担税捐为公平。然所谓一切税捐，谓依法律应由出租人负担而言。出租人虽通常为所有人，但不以所有人为限”。

虽然在有些国家，法律允许房屋税的负担由出租、承租双方做出约定。但纳税义务，为公法上的义务，且任何一种税都有其特定的征收对象和规定的纳税人，由出租方与承租方约定税的负担的做法可能利少弊多，不宜为我国所采纳。房屋上税的负担是出租方的义务还是承租方的义务，应根据本国的实际情况来规定，并与有关税法规定相符。就我国目前情况而言，由出租人承担纳税义务为宜。

费用有必要费用与有益费用之分，必要费用指为保存、维持租赁物的价值所必需的费用，如地上建筑物、构筑物的修缮、维护费等；有益费用是指以增加租赁物的价值为目的对房屋进行改造而支付的费用。《瑞士债法典》第 263 条也规定，租赁物上设定的权利和其他负担由出租人承担。根据当地习惯，租赁物日常保管所需要的花费较小的清洗、修理费由承租人承担，较大的修理费由出租人承担。《德国民法典》第 591 条规定，与需经出租人同意的必要费用不同，只要支出的费用在租赁期间终了后，仍提高租赁物的价值(增值)的，出租人应在用益关系终止时对承租人予以补偿。关于维护修缮租赁物的费用以及改良租赁物使出租人受益的支出，由出租方承担，或经承租人支付后由出租人予以补偿是合理的，必要费用和有益费用均可理解为为保持租赁物合于约定使用的状态所需的费用，理应确定为出租方的义务。但出租人对此项义务的履行，应以必要费用的实际支出额和有益费用形成的增值为限。有益费用虽使租赁物的价值增加，但并非必须支出的费用，出租人无必须承担之义务。

上述出租人的权利义务，从多方面证明了房地产租赁合同的约定义务与法定义务的高度一致性，体现了房地产租赁合同的特点。

二、承租人的权利和义务

承租人作为房屋租赁合同之当事人，在合同中享有与出租人相应的权利与义务。房地产租赁合同生效后，承租人依法所享有的权利主要表现为以下几个方面：

(一)承租人的权利

1. 占有、使用、收益权

承租人实际占有房屋之后，依合同对房屋享有的占有、使用、收益权，具有明显的排他性和持续性。占有主要表现为对承租房地产进行实际控制和支配，它是承租人达到租赁目的的前提。因此，房屋占有权是房屋承租人的基本权利之一。使用，是指按照租赁物的性质和用途，并不毁损该物或改变其性质而加以利用。租房屋产生的利益，包括利用房屋建筑物等从事生产经营活动的收益和经出租人同意转租房屋的租金收益等。

自房地产租赁合同生效之日起，房屋承租人有权占有、使用作为租赁合同标的物的房屋。任何人包括出租人在内都不得干扰承租人对房屋的占有权的行使。当然，在某些情况下，出租人为了检查、维修租赁物或带新的承租人观看房屋，可以保留进入房屋及其他地上建筑物的特权。此种情况不能视为干扰承租人占有、使用权的实现。房屋承租人通过签订租赁合同获得的房屋占有使用权受国家法律的保护。房屋出租人或第三人妨碍房屋承租人占有房屋时，房屋承租人有权请求排除妨碍，并对由此所受的损失享有赔偿请求权。

2. 对承租房屋的转租权

承租人在租赁合同有效期间能否将所租赁的房屋再转租他人，这不仅直接关系到承租人权利的范围，也关系到房屋财产的合理利用。各国立法对房屋转租问题的规定，一般都是经出租人同意可以转租房屋或转让承租房屋使用权。如《德国民法典》第 549 条规定，订立租赁合同后，住房的承租人，因合法利益有必要将一部分住房的使用权让与第三人的，可以要求出租人允许。只要不因此给房屋所有人造成损害，承租人可以将租赁的房屋、房屋的一部分转租给他人。可见，在大陆法系国家房屋承租人对房屋的转租、转让权的行使，主要取决于出租人是否同意，因此，转租人与次承租人之间的转租契约是否有效，次承租人是否取得房屋的占有、使用权，应因出租人承诺的有无而定。当然，也不乏法定情形下的强制许可。在住房比较紧张的国家，这种转租与转让的强制许可制度有其必要性与合理性。如《日本借地借房法》第 19 条规定，借地权人欲将承租权标的土地上的建筑物转让与第三人，如该第三人取得或转租承租权对借地人并无不利之虞，但借地人仍不承诺承租权的转让或转租时，法院可以依借地权人的申请，以许可代替借地人的承诺。而在英美法系国家，对不动产租赁标的物，除非租约中有约定，承租人可以对租赁的土地和房屋进行转租或分租。但转租人仍然负有履行原租赁合同的义务，除非房屋所有权人以书面形式解除了其义务。相比较而言，大陆法系国家关于租赁物转租的规定，更有利于对出租人权利的尊重和保护，英美法系国家的有关规定，更有利于不动产的合理利用，发挥不动产的使用价值。

3. 续租权

房屋续租权即房屋租赁期满，承租人基于法律规定或合同约定，主张继续承租房屋的权利。在同等条件下，承租人对所承租的房屋有优先承租权。房屋承租人可在期限届满前一年，提出续期，房屋出租人无正当理由不得拒绝。房地产租赁合同对房屋续租另有约定的，从其约定。

是否赋予房屋承租人续租权由房地产使用的特点所决定，在租赁期届满时，承租人在依约改造和装修的投资通常难以全部收回，尤其是租赁标的为非住宅房屋的，承租人在进驻房屋之前一般都要根据生产经营的需要对租赁房屋进行大量的改造和装修，此种投资往往不能在租赁期届满时全部收回。赋予房屋承租人续租权，有利于维护和鼓励承租人在期限届满前继续进行房屋投入，维护建筑物或其他附着物的使用状态和使用效益。因此，应将续租权规定为房屋承租人的法定权利。

4. 承租人的安宁享受权

安宁享受权是一种契约的承诺和出租人的保证，指的是出租人保证承租人在占有租赁房地产时，不受任何人干扰。在发生干扰的情况下，出租人应当履行保护承租人的义务。安宁享受权是英美法系国家为保护承租人的利益而对出租人设定的义务。这里的“干扰”主要来自两个方面：一是出租人的干扰，主要表现为房主不当驱赶承租人的行为，如出租人用武力驱赶承租人，或不当进入出租房地产排斥承租人的占有，以及采取某些不当行为使承租人感到无法继续使用租赁的房地产。在英美法上，出租人对承租人的驱赶属于法律所禁止的行为，承租人有权提起损害赔偿的诉讼，也有权终止租赁或拒付租金。二是第三人的干扰，主要是指在租赁开始时，租赁标的尚被第三人占有或者被一个拥有以上权利的人要求共同使用。在这种情况下，出租人有义务保证承租人正常行使权利。否则，承租人有权要求减少租金或终止租赁。

(二)承租人的义务

根据权利与义务相对等原则，承租人在享有上述权利的同时，必然负有相应的义务。其具体表现在以下几个方面：

1. 支付租金

租金是房屋承租人为占有、使用房屋而付出的对价。依约支付租金是承租人的首要义务，也是承租人得以占有、使用房屋的前提。就房屋租金支付的时间而言，一般采用“后付原则”即承租人先行使用、收益租赁物，而后付租金，双方有特别约定的不在此限。《合同法》第226条规定："承租人应按照约定的期限支付租金。对支付期限没有约定或者约定不明确的，依照本法第61条的规定仍不能确定的，租赁期间不满一年的，应当在租赁期间届满时支付，租赁期间一年以上的，应当在每届满一年时支付，剩余期间不满一年的，应当在租赁期间届满时支付。"多数国家立法不仅明确规定支付租金为承租人的义务，同时，还对租金支付的方式及具体时间做出明确规定。如《瑞士债法典》第262条规定，承租人应当在约定的或者依习惯确定的日期支付租金。没有确定支付日期的，租金应当按下列时间支付：①合同期间为一年或者数年或者可以以半年计算的，在每半年期满时；②合同期间为短期的，应当在每月期满时，但不得超过合同期满之日。《德国民法典》第551条规定，租金应在租赁期间届满时支付。租金分期支付的，于每期届满时支付。《日本民法典》第614条规定，动产、建筑物及宅地的租金，应于每月月末支付。法国和意大利的有关立法则采用自由支付原则，即当事人按约定时间支付租金。我国台湾地区对租金支付问题的规定，采用后期支付与自由支付相结合的原则，即承租人应依约定日期支付租金，无约定者依习惯，无约定亦无习惯者，应于租赁期满时支付。此种规定体现了当事人意思自治的精神，又以法定期限为意思自治补充，比较合理。

2. 妥善保管与合理利用租赁物

在房地产租赁期间，承租人对租赁物负有保管义务。承租人对租赁物的保管义务主要适用于以房地产为标的的租赁关系。由于在租赁关系存续期间，租赁物由承租人享有和使用，由其负保管义务，较之出租人而言更有利于降低管理成本和对租赁物的及时维护。因此，将租赁物的保管作为承租人的法定义务，是符合法律效率原则的。承租人的保管义务主要包括：

(1)承租人对租赁期间出租物发生的损坏或丢失，应负赔偿责任，但能证明此种损坏或丢失非因其过错造成时，不在此限。

(2)承租人应当对发生火灾承担责任，因意外事故、不可抗力及建筑物本身缺陷所致的火灾除外。

(3)承租人对其屋内之人所为或者由分承租人所为引起的损坏或丢失，负赔偿责任。

此外，附随于承租人的保管义务，并与其密切相关的义务还有：

(1)通知义务。在租赁关系存续期间，租赁物如有修缮之必要(应由出租人承担的)或租赁物遭受危害时，承租人负有及时通知出租人之义务，但出租人已知者，不在此限。若承租人未尽通知义务，则应对由此而造成的损失负责。

(2)进入行为之容忍义务。对出租人为修缮、保护租赁物之必要进入行为，承租人无权拒绝。进入行为属非必要的，不在此限。如《德国民法典》第541条规定，住房的承租人应容许为保存租赁的住房或者建筑物而侵入租赁物的必要行为。《意大利民法典》第1 587条规定，接受交付的租赁物，并在实施契约确定的用途或者根据情况的实施推定用途时要奉行勤谨注意(参阅第1 176条)。承租人违反保管义务及附随义务，造成出租人损失的，应承担损害赔偿责任。

关于承租人的保管义务，还有一个值得探讨的问题，即因不可抗力或第三人的行为致使租赁物毁损丢失的，承租人是否负赔偿责任。对此，国外立法通常是按过错责任原则来确定承租人的责任，如《意大利民法典》规定，在租赁期间内，尽管由于火灾(参阅第1 589条、第1 611条)，引起租赁物的丢失和毁损(参阅第1 592条)，但是，不能证明发生的原因不可归责于承租人的(参阅第1 218条、第1 256条)，承租人要承担责任。承租人对经其同意的人造成租赁物的丢失和毁损，要承担责任(参阅第1 218条)，即使是临时使用或者享用租赁物也是如此。《法国民法典》第1 732条规定，承租人对承租期间出租物发生的毁损或丢失，应负赔偿责任；但如能证明此种损坏或丢失，非因其过错造成的不在此限。灾害的发生是由于意外事故、不可抗力，毗邻房屋起火燃烧所致的，承租人不承担责任。《合同法》第222条规定，承租人应当妥善保管租赁物，因保管不善造成租赁物毁损、丢失的，应当承担损害赔偿责任。但《合同法》未对意外事故、不可抗力致使租赁物毁损丢失的责任做出明确的规定。一旦此类纠纷发生，就难以提供直接的法律依据。

3. 不得擅自转让、转租租赁物

转让与转租是两个相关而不相同的概念。由于转租与转让都属于承租人在租赁期间实施的行为，其性质基本相同，因而，在各国家和地区的有关立法上，一般都将两者合并加以规范，并适用基本相同的法律规则。根据对承租人在租赁期间实施转租、转让行为的限制不同，大致可分为两种情况：

(1)法律允许承租人对租赁物进行转租和转让，但以出租人同意为前提。《德国民法典》第549条第1款规定，未经出租人允许，承租人无权将租赁物转让于第三人使用，特别是不得将租赁物转租他人。《瑞士债法典》也在第289条明确规定，承租人未经出租人同意不得将租赁物转租。《日本民法典》第612条规定：①承租人除非经出租人承诺，不得让与其权利或转租承租物；②承租人违反前述规定，使第三人进行承租物的使用或收益时，出租人可以解除契约。以上国家对承租人转租、转让行为的基本态度是不予禁止，但要经出租人同意，并以其为前提。承租人在租赁期间能否对租赁物实施转租、转让行为，取决于出租人的意志。《合同法》第224条规定，承租人经出租人同意，可以将租赁物转租给他人。承租人转租的，承租人与出租人之间的租赁合同继续有效。第三人对租赁物造成损失的，承租人应当负赔偿责任。承租人未经出租人同意转租的，出租人可以解除合同。显然，依照《合同法》的规定，承租人对租赁物实施转租行为，同样要经过出租人的同意，不得擅自转租、转让租赁物是承租人的共同义务。转租行为得到出租人的同意，是判断承租人转租行为合法性和有效性的基本标准。

(2)法律直接规定承租人对租赁物享有转租、转让权，但租赁契约中对此有禁止性约定者除外。如《法国民法典》第 1 717 条规定，承租人有转租的权利，甚至有将其租约让与他人之权利，但如在租约中禁止此权利时，不在此限。《意大利民法典》第 1 594 条规定，除有相反约定，承租人有将承租物让渡他人的转租权，但是未经出租人同意不得转卖契约。这种情况下，虽然法律明确规定承租人对租赁物有转租、转让权，但出租人仍享有禁止转让、转租的权利。如果出租人在租赁契约中有禁止性的约定，法律赋予承租人的权利就不能行使。如果出租人未在契约中做禁止性约定，就意味着其同意或允许承租人对租赁物行使转租、转让权。就此而言，承租人对租赁物进行转租、转让以出租人的同意为条件。未经出租人同意或允许，承租人不得对租赁物行使转租、转让权。因此，承租人在对租赁物进行转租、转让之前，有征得出租人同意的义务。

4. 返还租赁的房屋

房地产租赁合同期满，承租人未在规定的期限内申请续期，或者虽请求续期而被拒绝的，房屋承租人有义务返还承租的房屋；房地产租赁合同期限未满，房屋承租人退租或因严重违约或违法而被提前终止租赁合同的，承租人有义务返还承租的房屋。对此，各国有关法律均有规定。房地产租赁关系终止，承租人返还租赁之房屋，本是天经地义，理所当然，但房地产租赁关系终止的原因及房屋使用情况比较复杂，承租人在归还房屋时，还应履行一些相关的或附随的义务，以完全履行返还租赁房屋的义务。

(1)保证返还的房屋完好无损，各种配套设备处于完好状态。

(2)承租人对使用房屋期间所进行的改进，凡未经出租人同意的，无权请求补偿。

(3)损害赔偿。在返还租赁物时，承租人对因使用管理或改良不当造成的租赁物破坏或损失，负有赔偿的义务。

我国最高人民法院《关于贯彻执行〈中华人民共和国民法通则〉若干问题的意见(试行)》第 86 条规定，非产权人在使用他人的财产上增添附属物，财产所有人同意增添，并就财产返还时附属物如何处理有约定的，按约定办理；没有约定又协商不成，能够拆除的，可以责令拆除，不能拆除的，也可以折价归财产所有人；造成财产所有人损失的，应当负赔偿责任。《合同法》也规定，承租人未经出租人同意，对租赁物进行改善或者增设其他物的，出租人可以要求承租人恢复原状或者赔偿损失。

三、关于对承租人的特殊保护

在分析了房屋出租人和承租人的权利与义务之后，人们自然会对“契约自由”有进一步的理解和认识。尽管迄今为止，契约自由仍然是资本主义法律制度的基本原则，在房地产租赁关系中，出租、承租双方可以就免除某项责任或限制某项权利达成协议，但这种协议的范围是比较小的，要受到国家有关法律的严格制约。尤其在住宅房屋的租赁中，法定权利和义务几乎覆盖了租赁合同的基本内容。这意味着随着社会经济的发展，“契约自由”原则已在各国立法和司法实践中打了折扣，已不再是绝对的自由。

随着资本主义进入垄断阶段以后，资产阶级国家意识到对经济无限度放任的恶果，逐渐将“国家之手”伸进了“私人的意思自治”领域，开始对资本主义经济进行有限度的干预，并且对“契约自由”原则进行了各种限制。德国学者海克茨指出：“当19世纪的资产阶级国家发展成为我们这个时代的社会民主主义的时候，立法者和法官一样必须削弱并限制契约法的各项自由主义原则，因为这项原则给予一方当事人的权力，威胁到今天的社会国家必须向它的公民保证的基本的、适当的生活条件。事实上，自20世纪以来，法律行为所体现的当事人的绝对意志已经或多或少地受到了国家的干预。”国家对经济生活的干预在房屋交易中，尤其是在房地产租赁中，得到了集中的体现。就像英国学者P·H·劳森、B·拉登在其所著的《财产法》一书中所讲的：“自那时起，议会的干预就不断增强，几乎所有的干预皆与房屋有关。就动产而言，消费者权益保护法经常影响合同法或侵权法。”财产法中有关动产的规定几乎没有公共力量的影响，其理由或许正像拿破仑在讨论《法国民法典》时所表述的：“个人如何处分其宝石或图画意义甚小，但是个人处分其房屋的方式事关整个社会，这正是社会需要制定规则并对其处分权加以限制的理由。”

房屋租赁关系属合同法调整的范围。当事人之间权利、义务的设定本应遵循“意思自治”原则，但由房屋财产本身的特殊性所决定，在房屋租赁中承租人常处于被动地位。为了实现实质公平，以达到平衡社会利益的目的，各个国家通常都会根据社会经济发展的需要，通过立法赋予房屋承租人某些特殊的权利，采取一些特殊保护措施维护处于弱势地位的承租人的合法权益。

（一）“买卖不破租赁”原则的适用

现代各国家和地区为了保护承租人尤其是居住用房之承租人的利益，稳定房地产租赁关系，促进社会经济的发展，在立法上均采用了买卖不破租赁原则。《法国民法典》第1 743条规定，如出租人出卖其出租物，买受人不得辞走已订立经公证或规定有确定日期的租赁契约的土地承租人、佃农或房屋承租人。但是，如在租赁契约中原已保留此种权利，买受人得辞走非乡村财产的承租人。《德国民法典》第571条规定，出租人的房屋在交付于承租人后，由出租人让与第三人时，受让人代替出租人取得在其所有期间因租赁关系所产生的权利和义务。《日本民法典》第605条规定，不动产租赁实行登记后，对以后就该不动产取得物权者，也发生效力。《瑞士债法典》第259条规定，租赁物的所有权在缔结租赁协议后转让的，或者因强制执行或者被诉讼而失去的，承租人在第三人承担租赁义务时，可以要求第三人依合同履行。出租人仍应当承担履行协议的义务或者承担损害赔偿责任。我国台湾地区的“民法”第425条规定，出租人于租赁物交付后，纵将其所有权让与第三人，其租赁契约，对于受让人，仍继续存在。《意大利民法典》规定，如果在租赁物转让前已有明确时间(参阅第2 704条)的租赁契约，则租赁契约得对抗第三买受人。如果买受人依契约承担了保持租赁的义务(参阅第2 923条)，则买受人在任何情况下都要受租赁契约的约束；第1 600条规定，如果租赁没有确切的时间，但是承租人的持有是在转让之前，则买受人仅承担根据未定期间租赁所确定的相应存续期间保持租赁的义务。《合同法》第229条规定，租赁物在租赁期间发生所有权变动的，不影响租赁合同的效力。国内外的立法实践表明，“买卖不破租赁”，是国家立法保护承租人利益所普遍适用的法律规则。

从各国的立法实践来看，赋予租赁房屋承租权以对抗力，是各国保护房屋承租人之利益的通行做法。“买卖不破租赁”原则的适用，客观上应具备以下条件：

(1)租赁合同先于出租人转让房屋的合同而存在，这是买卖不破租赁原则适用的前提。

(2)租赁合同已依法登记。这虽非我国合同法的要求，但多数国家以登记为不动产租赁合同产生对抗力的条件。

(3)租赁合同已明确约定了租赁期限。

“买卖不破租赁”原则的适用以不动产尤其是以房地产租赁合同为主要适用范围。但在不同的国家，“买卖不破租赁”原则适用的条件有所不同，并且无须三个条件同时具备。

随着社会的发展，社会经济活动的内容日益丰富，民事法律关系越来越复杂。“买卖不破租赁”原则，也有扩大适用的情形：

(1)“租赁权之让与”不破“转租”。不动产承租人经该出租人的承诺，将租赁权让与他人时，合法的次承租人得主张与承租人所订租赁契约对于受让租赁权的他人，仍继续存在。

(2)“受让人更行转让”不破租赁。受让人又将租赁物让与第三人，在交易频繁之今日，颇属常见。对此情形，《合同法》并无明文规定，系属法律漏洞，应类推适用第229条之规定，租赁关系对该第三人仍继续存在。

(3)买卖不破“委任出租”“同意出租”或“共同出租”。买卖不破租赁，须以出租人为租赁物之所有权人为前提。出租他人之物的租赁契约虽属有效，于所有人将租赁标的物让与第三人时，承租人对受让人不得主张其租赁关系继续存在。

我国台湾地区有判例认为，适用买卖不破租赁之原则，不仅可防止所有人利用第三人为出租人以规避法律，并可避免法律关系之复杂化，进而保障租赁物受让人与承租人双方利益。实践证明，“买卖不破租赁”原则的确立与适用，对于私有制条件下的不动产承租人尤其是房屋承租人给予了强有力的保护。

(二)房屋承租人的优先购买权

优先购买权，又称为“先买权”，是特定的民事主体依照法律规定享有先于他人购买某项特定财产的权利。优先购买权可以适用于财产共有关系，也可适用于财产租赁关系及其他法律关系。在房屋租赁法律关系中，优先购买权是法律赋予承租人的又一项重要的权利。它是指出租人出卖其出租的房屋时，承租人享有在同等条件下较其他人优先接受转让的权利。

赋予房屋承租人优先购买权，是国内外立法所遵循的又一重要原则。《德国民法典》第 570b 条规定，出租的住房在交付于承租人后又设定或者将要设定住房所有权的，在出卖给第三人时，承租人有优先买受权。出租人或者第三人关于买卖合同内容的通知应附有向承租人指明其先买权的内容。承租人死亡的，其先买权转让于根据第 569a 条第 1 款或者第 2 款规定的继续租赁关系人。如《合同法》第 230 条规定，“出租人出卖租赁房屋的，应当在出卖之前的合理期限内通知承租人，承租人享有以同等条件优先购买的权利”。此外，国务院于 1983 年 12 月 17 日发布的《城市私有房屋管理条例》第 11 条规定：“房屋所有人出卖出租房屋，须提前 3 个月通知承租人。在同等条件下，承租人有优先购买权。”优先购买权是法律赋予房屋承租人的一项权利，该项权利的行使理应遵守有关法律的规定：首先，出租人出售出租房屋应在法定期限内通知承租人。该法定期限在各国立法中不尽相同。《合同法》第 230 条规定的“合理期限”，根据最高人民法院《关于贯彻执行〈中华人民共和国民法通则〉若干问题的意见(试行)》应为 3 个月。其次，承租人优先购买权的行使以“同等条件”为前提。同等条件是承租人行使优先购买权的限制，也是对买受人之交易权的保护。这里的关键问题是对“同等条件”的理解，在我国长期以来通常将其理解为同等价格。但事实上，实践中的买卖关系和租赁关系极其复杂，买受条件很难完全同等，甚至有些条件根本就不具有可比性。因此，房屋的用途、付款方式以及特定条件的具备，均应构成同等条件的内容。这样，对承租人及其以外的其他受让人会更加公平。出租人在法定期限内通知承租人欲出售租赁物的意向，承租人未在规定的期限内行使优先购买权的，应视为放弃权利。优先权因放弃而终止。

(三)承租人的优先承租权

从以上国家和地区的有关立法实践来看，房屋承租人的优先承租权是指房屋出租人在房地产租赁期限届满，继续出租房屋时，原承租人享有的优先于他人承租房屋的权利。承租人的优先承租权主要具有以下特点：

(1)优先承租权的主体是房屋租赁关系中的承租人，如果租赁关系已经终止，优先承租权的存在即已失去前提。

(2)优先承租权的客体是承租人现已占有、使用的房屋。就此而言，优先承租权是在特定条件下，要求出租方做出某种行为的权利，同时也是对房屋出租人的一种限制。

(3)优先承租权是一种法定权利，其目的主要是保护承租人对房屋进行投资的利益，方便房屋的利用，以及稳定租赁关系。因此，优先承租权是特定人享有的一种权利，具有不可转让性。承租人优先承租权的确定，不仅能在一定条件下保护承租人的投资利益，而且可以提高承租人改良和保护租赁物的积极性，并对社会经济的发展和社会秩序的稳定，具有重要意义和作用。

(四)不利于承租人的约定无效

鉴于承租人在租赁关系中处于弱势地位，不少国家在对承租人采取上述保护措施的同时，还规定了不利于承租人的约定无效，以此防止出租人凭借优势地位做出损害承租人利益的约定。《德国民法典》第 537 条第 3 款规定，住房的租赁关系中偏于对承租人不利的约定无效。日本的《借地借房法》第 9 条也明确规定，违反借地权存续期间的规定且于借地权人为不利的特约无效。《瑞士债法典》第 267 条 E 规定，承租人事先放弃请求租赁合同延期或者请求司法救济权的合同条款无效。应出租人单方请求，承租人无条件地接受租赁合同变更的条款也无效。这种法律直接规定不利于承租人的约定无效的制度，一方面预防出租人做出损害承租人利益的约定，另一方面，也使出租人无法以这种约定为依据来达到不公平交易之目的。与一般合同条款被确认为无效的情况不同，其具有很强的目的性和特定性，是对出租人单方行为做出的限制和约束。这种直接否认出租人为达到某种目的而做出的损害承租人利益的约定的制度，实质上是对承租人利益的特别保护。

各国立法对房屋承租人的特别保护，以及各种保护措施在法律上的确定和发展，经历了一个历史发展过程，集中地体现了人类社会法律制度发展中的历史变迁，也展示了现代各国有关立法的发展趋势。

第三节 房屋租金管制制度

与房屋价格是房屋买卖中的关键问题一样，房屋租金在房屋租赁关系中处于重要地位。租金的高低及涨落幅度直接关系到出租、承租双方的利益，关系到房屋租赁关系的稳定、市场秩序的好坏以及社会秩序的稳定与和谐。因此，虽然房屋租赁关系的建立一直遵循着当事人意思自治的原则，但对房屋租金的确定及增减幅度，各国立法几乎都有限制性的规定或强制性的规范，并形成租金管制或租金控制制度。

对房屋租金可以依据不同的标准做多种分类。首先，按租赁用途可将房屋租金分为住宅用房租金和非住宅用房租金。住宅用房租赁执行的是国家和房屋所在地城市人民政府规定的租金标准；非住宅用房租金标准，主要由房屋出租人与承租人协商议定，但不排除某些地方对该类租金有限制性规定。其次，按租金的构成因素不同，可将房屋租金分为成本租金和市场租金，前者由折旧费、维修费、管理费、投资利息和房产税等因素构成；后者是由成本租金加平均利润、地租、保险费以及市场供求状况等因素构成的。市场租金是租赁标的在开放市场中可能得到的租金。最后，按租金形成方式的不同可将租金分为约定租金(契约租金)和法定租金。契约租金是出租方和承租方经过协商在租约上约定的租金，也是承租人应付的租金。其以市场租金为参考依据，可能高于、低于或等于市场租金。法定租金是国家为了实现某个特定的政策目标，而对某类房屋租赁的租金予以控制而规定的，具有强制执行性。其一般只对特定租赁标的适用。在我国目前条件下，法定租金主要适用于公房租赁和廉租房的租赁。

国家或政府通过立法对某类出租房屋的租金予以控制，是西方资本主义国家解决低收入阶层住房问题的主要政策之一。由于西方资本主义国家实行市场经济，因而在房屋租赁市场上，房租通常是在业主和房客签订租约时自由议定的；但一般都以政府有关法规规定的管制租金为基本依据。可以说租金管制(或控制)也是世界通行的一种法律制度，其主要适用对象是住宅用房的租金。

一、英国的租金管制制度

英国是实行租金控制政策较早的国家，其历史可以追溯到1915年。当时，英国的建房投资以私人为主，私房出租在市场上占据绝对优势，1914年已占住房存有量的90%。政府为了缓和因战争的影响而普遍存在的住房短缺，在积极建造公房的同时，首次采用控制租金政策。此后为了压低租金，保护租户的利益，英国政府于1939年颁布《利息限制法案》。20世纪60年代中期英国议会又通过了《租金法》，通过设置“公平租金”防止出租者索取高额租金。

二、美国的租金管制制度

美国一般运用契约规则来处理租赁关系，也有一些州或地方通过立法对出租人和承租人的关系加以调整。1972年，为了使租赁关系有一个统一适用的法律规则，美国国家统一州法委员会会议提出了《统一居住租赁关系法》(简称URLTA)。

传统上，法院是租赁协议的严格解释人；现在，这个原则在商业不动产租赁上仍然占主流。然而，对于住宅不动产租赁，现在的发展趋势是，由各州建立自己的地主—租户特别法，主要是想在地主和租户之间达成一个合理的责任平衡。外来人口的涌入及可住房屋的短缺，导致了房屋租金的高涨，为了控制天价租金，很多州或城市都颁布了租金控制法令。租金控制法令的主要内容一般包括：

(一)租赁财产和相关当事人

租金管制很少扩大到商业性租赁物业。根据现有的地方法令，城市对于租金的管制限于住宅租赁的房屋，特定种类的建筑物也可能包括在内。如联体单户住宅，单户或两户并列住宅以及豪华住宅。租户为了继续得到法令的保护，也可能被要求说明该住宅是自己的“基本住所”或者说自己是得到最初法令保护的租户家庭成员之一。如果他要进行转(分)租，则他也受到租金管制要求的收取转(分)租金数额的限制。当租物腾空，一些法令许可业主毫无限制地(“空房无管制”)提租，尽管其他法令仍然进行有效的租金控制。适用“空房无管制”原则的法令通常禁止业主仅仅为了提租而驱赶租户。“合理驱赶”原则要求，租户迁离承租房只存在于租户自己过失或行为失当，以及业主需要租屋返还自用的情况。

(二)租金标准(比例)

为了使所有的业主遵守租金管制要求而不擅自提租，大多数法令采用基准租金控制。一般而言，基准租金控制大体上分为两种类型。一种是以时间为基点的租金控制，其以特定时间为基准规定租金标准，即将所有房屋的租金限定在某年某月某日的水平，凡在此时间后承租的房屋，均以该时间为标准交付租金。二是以承租人为基准的租金控制，其将租金控制在同一承租人的租赁期限内，出租人与承租人就租金标准达成协议后，只要该承租人不变，已确定的租金就不变。只有该承租人离开，出租人与新的承租人签约时，才可以依市场价格另行约定租金。有些州或城市还建立了稳定租金委员会，由该委员会每年决定出租方可增加租金的最大限度。当事人对该委员会确定的最大租金升降限额有意见时，可以通过行政复议程序，向稳定租金委员会提出申请，要求提高租金限额或要求不提高租金限额，甚至降低租金限额。稳定租金委员会决定是否提高租金限额要考虑的重要因素之一，就是承租人的承受能力。

(三)其他租金管制

面临收取住宅租金数额限制的业主可能会被激励去改造出租财产使之成为更能获利的没有法定管制的用途。为了防止存量出租住房减少，租金管制法令常常也附带以公寓改造或变更为非住宅用途和建筑物拆毁方面的管制。租金控制法令实施中存在的主要问题是，同一承租人承租房屋的时间越长，合法的租金最大限额与市场租金的差距越大，出租人为了提高租金就会以各种理由驱逐长期租赁房屋的承租人。所以，政府不得不另行颁布法律限制出租人驱逐承租人的行为；除非承租人违反合同约定如未及时交付租金，或未经出租人许可对房屋进行实质性改造。美国控制租金通常由地方以立法形式做出规定，并通过投票方式进行调查，以决定是否由地方议会通过控制租金的立法。如多数投票者认为租金太高时，地方议会就倾向于控制租金。

关于租金控制问题，美国国内学者有不同看法。有学者认为，在商业租赁中，应根据承租营业额实际或预期的增长来确定上涨的租金额。有些经济学家认为，租金控制是不经济的，只有在对出租房屋需求大幅度上升，为保存资金而对建造新房屋予以法律控制，并持续一段时间时，租金控制才能收到经济效果。但各国的实践证明，租金控制制度对于解决低收入群体的住房和稳定市场秩序都具有重要的作用。尽管人们对其褒贬不一，但到目前为止，很少有国家放弃这种措施。

一般来讲，租金控制或租金管制有利于保护承租人的利益，也有利于房屋租赁市场秩序的稳定，但往往会导致以下问题的产生：

(1)市场上出租房供给的减少。因为投资者会因房租利润少而减少建设出租房的数量，而新建出租房的减少又会使租房需求增大，从而导致房屋租赁市场上供求矛盾恶化，使一部分低收入者得不到适宜的住房。

(2)可能加速房屋的有形损耗过程，由于出租房屋数量的下降，房屋出租人为了保证自己所得的利润，就会设法减少以至于停止对房屋的维修，或不再投资改善房屋，最终减少房屋的使用寿命。

(3)在某些情况下，租金控制将使收入从所有人向承租人转移或在承租人的各个阶层转移。因此，西方国家在实行租金管制措施时，往往持慎重态度。

三、新加坡的租金控制

为了控制某些房地产的租金和规范这些房产权利的归还以及附带的事项，1953 年新加坡制定了《租金控制法》。根据该法的规定，新加坡的租金管制法律制度主要包括以下主要内容：

（一）租金和标准租金

在新加坡，租借关系是指以书面或其他形式，确定地主和租户的关系而形成的房屋的租赁、转让、租借或持有。“租金”包括因为使用在房屋租借时配备的或者在房屋租借时由地主出租给租户的家具而支付的作为租金或酬金的金额。标准租金是《租金控制法》实施前已由委员会规定租金标准时的租金；委员会没有规定租金标准的则为1939年8月1日时租金；或者当时房屋尚未租借、占有或者建造的，则为1939年8月1日后第一次租借时的租金。

（二）租金调解委员会的权利

为了实施《租金控制法》，新加坡设有租金调解委员会。该委员会依法设立，依法定程序履行职责、行使职权，委员会的工作程序被视为司法程序，委员会的成员被视为《刑法典》意义上的公共服务官。委员会由一名主席（应具有下级法院法所要求的地区法官的资格证书）和二名成员构成。其对租金问题的最终决定本着多数决原则进行；特殊情况下，由委员会主席做出决定。租金调解委员会的主要职权包括：

（1）听证或裁定任何为房屋租借的租金限定或者分摊而提出的申请。

（2）下达命令确定等于、低于或者高于现行租金、标准租金或其认为公平和适当的租金，或者拒绝下达这种命令。

（3）检查证人立誓，传讯任何人到庭，并可要求任何利益方证人出示委员会要求的相关文件。

（4）依据部长的批准，制定与《租金控制法》相一致的规范委员会行为和程序的细则。

任何地主、租户或其他利益相关的人均可依房屋租借关系向委员会申请确定租金。若确定租金之申请所涉及的房屋被承租人全部或部分转租，委员会可就整个房屋租借另行定价，并根据有关法律，单独规定被转租房屋的租金。但租金调解委员会无权对租借房屋占有权归还问题发布任何命令或做出裁决，除非租金控制法所限定的情形。

（三）对增加租金的限制

根据《租金控制法》的规定，地主不得擅自增加或超标准收取租金，不得在租金之外收取额外费用，否则将依法受到处罚。该法确立了以下原则：

（1）任何增加租金或超过委员会规定的标准租金取得租金，均属违法行为。

（2）在房屋和家具一起租借并且委员会没有规定房屋和家具的混合租金标准时，地主不得就房屋和家具的混合租金，从租户收取总额超过未装配房屋的标准租金再加上标准租金 50%的租金，或者按家具真实价值的 1/60 估价的月租金总额。

(3)地主将负担或责任向租户转移，使租户持有房屋的费用比先前高时，无论以租金形式定期支付的金额是否增加，都应视为增加了租金。租户支付给地主的租金额超过地主可合法收取的租金时，可以从地主那儿得到返还。

(4)任何人不得因租借的许可、重租、转移或持续的情形，要求支付租金以外的任何罚款、额外费用或要求给予其他有价补偿，违反此禁止性规定取得的金额或补偿应予以返还。

(四)对增加租金的许可

新加坡在限制地主增加租金的同时，对地主符合法定情况和范围的增加租金的行为予以许可。其包括：

(1)租借房屋的现行租金低于标准租金时，两者的价差在允许的范围内的；

(2)租借房屋的现行租金低于委员会规定的租金时，价差在允许范围内的；

(3)建于 1941 年 1 月 1 日以前房屋租借，并且其后未增加租金的；

(4)在租金控制法实施后，依法或依协议，进行道路、下水道或者排水系统的建设，或者以现代公共卫生设施装修目的而改善条件使承租人受益的，由此产生的费用，地主有权增加租金或收取超过标准租金增加数额，而这个数额应是委员会根据地主或租户的申请限定的增加额；

(5)1947 年 9 月 7 日后，地主依据《市政法令》或者《财产税法》条款，所支付的财产税已增加的。

四、我国的房屋租金管制

(一)法定租金标准

在我国，城市公有住宅房屋的租金基本上是实行法定租金。早在中华人民共和国成立初期，国家对某些房屋的租金标准以及增减就有限制性的规定。如 1955 年起实施的《中央国家机关工作人员住用公家宿舍收租暂行办法》及其说明，对租金标准的主要内容和计算方法，都做了明确规定。1965 年国务院批转国家房产管理局《关于重申制止降低公有住宅租金标准的通知》又进一步明确了租金标准，禁止随意降低和提高租金。对于私有房屋租赁，国家实行法定租金和议定租金两种标准。《城市私有房屋管理条例》第 16 条规定："房屋租赁，由租赁双方按照房屋所在地人民政府规定的私有房屋租金标准，协商议定；没有规定标准的，由租赁双方根据公平合理的原则，参照房屋所在地租金的实际水平协商议定，不得任意抬高。"《城市公有房屋管理规定》第 20 条也明确规定："公有住房的租赁必须执行国家和房屋所在地城市人民政府规定的租金政策和租金标准。经营性房屋的租赁，由租赁双方协商议定租赁价格。”长期以来，我国对城市公、私住宅用房的租赁都实行法定租金标准，对经营性房屋的租赁允许当事人协商确定租金。

(二)间接调控

我国实行改革开放，并进入市场经济建设以后，国家对实行市场调节的房地产交易价格，允许人民政府根据新建商品房基准地价、各类房屋重置价格或其所公布的市场参考价格，进行间接调控和引导。

总之，我国是根据房产租赁的用途来确定租金管制范围的。目前实行租金管制的范围仅限于住宅房屋的租赁，包括公房租赁和私房租赁。对此，有学者认为，对公有住宅用房这种福利性用房的租金予以一定的限制是合理的、必要的，是国家行使所有权的表现。而对于私有住宅用房，法律也授权地方政府制定符合当地情况的租金标准，并无必要。此种观点不无道理。实践证明，我国的租金管制制度，对于防止和抑制出租方随意提高租金，保护在租赁中处于弱者地位的承租人的合法权益，以及保护公房所有者的利益，保持房屋租赁秩序的稳定等方面都发挥了很大作用，这无疑是应该给予肯定的。但是在今天的市场经济条件下，市场在配置资源中已占主导地位，房屋租赁关系的调整仍以租金为主要杠杆，而租金在很大程度上是由市场的供求关系决定的。市场在调控租赁关系方面的作用越来越大。因此，可以取消过去由地方政府直接规定住宅租金标准的做法，代之以政府通过公布市场租金标准来间接指导租金的确定。

首先，住宅房屋租赁客体的所有权性质已发生很大的变化。过去城市出租的住房绝大部分是公有房屋，其租金具有明显的福利性，实行法定租金标准有其合理性，在执行上也无太多障碍。在我国实行住房制度改革后的今天，过去作为出租客体的公房60％～80％已通过住房制度改革(公房出售)变为私房，目前私有房屋出租是房地产租赁市场的主要部分。在市场经济条件下，对住宅尤其是属于私人所有的住宅房屋的租赁，应交由市场去调节，由市场来决定出租房屋的租金水平。

其次，住房像土地一样具有双重属性，它既是一种财产，同时又是一种资源。其分配和利用具有较强的社会性，因此，对住房租赁关系的调节又不能完全依赖市场，客观上需要政府的干预，政府不能将其全部推给市场，要有一定的手段或措施来保持房屋租金的公平、合理性，干预的手段、管制租金的措施要符合市场运行规律的要求，并尽可能地通过定期公布市场租金、税收等调控措施，来实现租金管制的目标。

最后，目前租赁市场上出租的房屋来源复杂，种类繁多，房屋租金的实际标准差异很大，即使都是住宅用房，也很难用一个统一的租金标准来规范。在缺乏有效的监控手段的情况下，即使有法定的标准，也难以依法执行。因此，可以考虑通过法定最高限定标准，对非正常的房屋租金上涨予以管制。事实上，房屋租赁中租金的确定，是一个方面，关键是签约后在租赁期内发生不可抗力或意外情况，租金的调整成为必要时如何处理，在法律上没有相应规定，因此，政府对房屋租金管制的视野还应进一步拓宽，并根据实践发展的需要来完善现行的法律制度。

第四节　我国房屋租赁中需要进一步研究的问题

随着我国经济建设的快速发展，城市化进程的加快，以及流动人口的大量增加，房屋租赁作为调节住房供求关系的重要方式得到了迅速发展，并在现实生活中发挥着不可替代的作用。但调整房屋租赁关系的有关法律、法规，尚不能适应实践发展的客观需要，作为房地产法重要组成部分的租赁法律制度并不完善，实践中出现和存在的很多新的问题，无论从理论上还是从法律上都没有得到很好的解决，不少房屋租赁纠纷因缺乏相应的法律依据，不能得到及时处理。

一、关于房屋非法转租问题

(一)房屋转租及其法律依据

房屋转租是指在房屋租赁关系存续期间，承租人经出租人同意，将所承租的房屋再出租于他人的行为。在房屋转租关系中，原租赁合同中的承租人为转租人，接受转租的第三人为次承租人，两者之间形成新的租赁关系后，原出租人(房屋所有权人)与转租人(原承租人)的房屋租赁关系继续存在，转租人要继续向出租人履行合同，但作为租赁合同标的物的房屋已有偿地转移给次承租人实际占有和使用。在市场经济条件下，房屋转租是现实生活中的常见现象，但只有合法的转租才能得到国家法律的保护。

在合法租赁的情况下，当事人之间发生如下法律后果：

(1)出租人与承租人的租赁合同继续有效，不因转租而受影响；

(2)出租人与第三人之间不发生直接的法律关系，第三人对租赁物造成的损失，应当由承租人而不是由第三人向出租人赔偿；

(3)承租人作为转租人，其与第三人的关系与一般租赁关系并无区别。

房屋转租作为房屋租赁中合理利用房屋财产的客观要求，其存在有其必要性与合理性。因房屋属于不动产，其占有与使用具有明显的排他性。当房屋租赁合同签订之后，在合同有效期间承租人不能履约或不能有效地利用承租房屋时，转租便可以大大提高房屋的使用效益；急需房屋者的生产、生活需要也可以由此得到满足。就此而言，房屋转租可以避免或减少房屋财产的浪费，使房屋资源得到有效配置和充分合理的利用。因此，在国外的有关法律制度中，转租通常是不动产租赁制度的重要内容之一。在我国，长期以来民间就有大房东、二房东的称谓，并不乏有关房屋转租的规定。《合同法》第 224 条明确规定："承租人经出租人同意，可以将租赁房屋转租给第三人。"此规定为房屋转租制度的建立和发展提供了重要的法律依据，对于规范转租行为，维护正常的房地产交易秩序具有重要意义。

(二)房屋转租的特征

根据现行有关法律的规定，房屋转租主要具有以下几个基本特征：

1. 房屋转租必须经过原出租人的同意

出租房屋是对房屋行使处分权的行为，承租人依据租赁合同所享有的权利仅仅是在一定时期对房屋的占有、使用权，而不包括对房屋的处分权，而且转租行为的发生对出租人有直接的利害关系。因此，出租人的同意是转租的前提。这种"同意"应采用书面形式。既可在原租赁合同中以转租条款约定，也可以在原租赁合同成立后根据需要以补充协议的形式约定。未经原出租人同意，承租人擅自转租房屋的属于违约行为，出租人可以解除合同。

2. 房屋转租合同具有独立性，但要受原房屋租赁合同的制约

房屋转租是在出租人同意的情况下，在转租人与次承租人之间建立的一种新的独立的法律关系。房屋转租合同独立于原房屋租赁合同而与其并存，但在一定程度上要受原租赁合同的约束。首先，转租的期限要受原租赁合同的制约，只能在原租赁合同约定的期限内确定，超过原租赁合同期限确定的转租期限当属无效。其次，转租房屋的用途不得违反原租赁合同的约定，原出租人限制房屋租赁用途的，转租合同对房屋的用途不得擅自改变，只能在允许的范围内确定转租房屋的用途。最后，原租赁合同变更、解除及终止会对转租合同产生直接影响。由于转租合同的产生与存在是以原租赁合同为基础的，当原租赁合同变更、解除或终止时，转租合同也会随之发生相应的变化。

3. 房屋转租需要登记备案

众所周知，我国对房地产租赁实行登记备案制度。由房地产的不动产属性所决定，房屋的权属变更和权利状态很难从其占有状态来判断，为了规范转租行为，维护转租双方的合法权益，对房屋转租实行租赁登记备案制度也是完全必要的。

(三)非法转租的特征

非法转租是指承租人未经出租人同意将所租赁房屋的部分或全部再出租给他

人使用、收益的行为。非法转租的主要特征是未经出租人同意和未依法履行转租房屋的登记备案手续。其实质上是侵害出租人利益和规避法律的行为。由于目前各大城市流动人口激增，生产经营用房和住宅用房数量巨大，再加之转租房屋通常私下进行，租金较低，不易被发现，转租房屋的现象非常普遍。其弊端显而易见：

(1)违反了出租人的意志，侵犯了房屋出租人的权益，增加了出租房屋的风险。

(2)由于转租人是以他人的财产为己牟利，很少仔细考察承租者的身份、来历及租房目的，非法转租的房屋极易被不法分子利用，成为藏污纳垢、违法乱纪的场所，给社会带来严重的治安问题。

(3)违法转租因逃避了房屋出租人和有关管理部门的视线和监管，造成了租赁关系的混乱，破坏了正常的租赁市场秩序。

非法转租既是违法行为也是违约行为，行为人应否承担法律责任，应承担何种法律责任？

在我国，违法转租属于无权处分行为，对该行为的法律后果，《合同法》第51条规定，无处分权的人处分他人财产，经权利人追认或者无处分权的人订立合同后取得处分权的，该合同有效。在非法转租的情况下，出租人能否在不行使租赁合同解除权的条件下，要求承租人向次承租人收回房屋并对承租人转租房屋的租金，主张按不当得利返还？这一点由转租合同的特点所决定，出租人与次承租人之间不存在法律关系，在法律上任何一方都无权直接要求对方履行租约义务。在这种情况下，应允许出租人要求承租人对其违法行为导致的各种后果承担责任，即收回转租的房屋返还给出租人，并依法承担民事法律责任。只有这样，才能预防和抑制非法转租行为的发生。

(四)关于擅自转租之收益的性质及处理

非法转租收益之性质是非法所得。在有关管理部门依法予以处罚的情况下，其会作为罚款没收归国库。那么，在未被发现或监管不到位的情况下，出租人能否以不当得利要求转租人返还或部分返还？对此，学术界有不同看法：肯定说认为，承租人违法转租而获得利益，是侵害租赁物所有人之排他性权利，其致出租人之损害是承租人未先请求出租人为转租之承诺，致其未能获得租金之提高。不当得利请求权之基本功能不在于填补损害，而在于使领受人返还其无法律上原因所受之利益。否定说则认为：第一，在不当得利的成立问题上，得利人受有利益致他方受损失与得利人就该利益有无保有之根据属于两个不同的判断。所以纵能肯定转租人之得利并无法律上的原因，其得利与出租人受损有无直接关系，尚值得研究，仅以转租人为不当得利返还义务人的做法未免草率。第二，肯定说认为，出租人因违法转租所受之损害为“未能获得租金之提高”，这与不当得利之规范目的似有不合。而以转租租金为不当得利作为返还之客体，也引发不必要之争论。不当得利之成立以获得利益与致人损失之间存在因果关系为必要，传统学说一向采用直接因果关系之标准，即一方得利与他方受损之间有无因果关系，应以受益的原因事实与受损的原因事实是否一致为标准。直接因果关系说旨在限制不当得利请求权当事人的范围，尤其是在第三人介入财产损益变动关系的场合，使受损者不得对间接获利的第三人请求返还其所受的利益。笔者认为，对于违法转租收益无法律依据，违法转租是否导致出租人受损失不能一概而论。就违法转租来讲，转租人获得利益并未使出租人的租金收益受到损失，但并不意味着出租人在其他方面没有损失或潜在的风险。也许这就是各国立法对转租行为的效力一般均以出租人同意为前提的重要原因之一。从理论上讲，转租人擅自转租租赁房屋已构成对出租人房屋财产权的侵犯，转租收益是没有合法依据的所得，认为其属于不当得利并无不妥。对于不当得利，《民法通则》第 92 条已明确规定："没有合法依据，取得不当利益，造成他人损失的，应当将取得的不当利益返还受损失的人。"据此对非法转租收益出租人可以主张不当得利的返还。

(五)返还不当得利之范围

在违法转租情况下，不当得利如何确定也是个值得进一步探讨的问题。对此，学者间也有不同看法。一种观点认为，承租人擅自转租房屋的收益中，只有部分收益属于不当得利。转租收益中，相当于原租赁合同中租金的部分不能作为不当得利对待，因为承租人毕竟向出租人支付了相当的租金收益，并非承租人的获利。如果该部分收益也作为不当得利返还给出租人，则出租人事实上获得双倍租金，显然不妥。不当得利返还范围原则上应以客体为准，原物不能返还时，以其交易价额客观地确定，而不受得利人财产总额实际增加数量的影响。就违法转租而言，无论以次承租人还是转租人为不当得利返还义务人，其皆是恶意受领人，本应以租赁物使用价值之交易价额返还，但因出租人向承租人收取的租金也是租赁物使用价值的货币表现，若以价额返还，反使出租人双重获利，为救此弊，其返还范围应限于转租时租赁物之市场租金与转租人应付合同租金之差额。这样处理对双方都比较公平。

二、租赁合同非正常终止情况下房屋添附物的处理

关于房屋租赁合同期满，租赁关系终止时房屋添附物的处理，最高人民法院《关于贯彻执行〈中华人民共和国民法通则〉若干问题的意见(试行)》第 86 条规定：非产权人在使用他人的财产上增添附属物，财产所有人同意增添，并就财产返还时附属物如何处理有约定的，按约定处理；没有约定又协商不成，能够拆除的，

可以责令拆除；不能拆除的，也可以折价归财产所有人；造成所有人财产损失的，应负赔偿责任。《合同法》第223条也明确规定："承租人经出租人同意，可以对租赁物进行改善或者增设他物。承租人未经出租人同意对租赁物进行改善或者增设他物的，出租人可以要求承租人恢复原状或者赔偿损失。"根据以上规定，在租赁关系终止时房屋添附物的处理，主要有以下几种情况：

(1)在租赁房屋上装修改造增添附属物经出租人同意并就有关问题有约定的，按约定处理。

(2)在租赁房屋上装修改造增添附属物未经出租人同意，未就有关问题进行约定的，出租人可以要求承租人恢复原状或者赔偿损失。

(3)出租、承租双方当事人对租赁房屋的装修改造及其归属没有约定又达不成协议的，可以拆除，不能拆除的可以折价归房屋所有人。

实践中，房屋租赁合同双方当事人一般会在合同中对租赁合同终止时租赁房屋之添附物的处理做出约定，并依约进行处理。但对于因特殊情况导致租赁合同提前终止，承租人按约定期限对承租房屋进行投资改善形成的添附物如何处理，却没有明确的法律规定，实践中出现的大量纠纷难以解决。近年来，越来越多的生产经营者通过租赁满足生产经营场所及办公用房的需要。因生产经营的需要，这些承租人通常要对所租的房屋进行装修或改造，尤其是酒店、宾馆等，一般都投资巨大，并使租赁房屋明显增值。一旦由于某些特殊原因如承租人经营情况发生巨变、财产被法院查封、无力支付房租或出租人不得不收回房屋，导致双方签订的租赁合同无法继续履行，不得不提前终止租赁关系，违约方理应按合同约定承担违约责任及赔偿责任。但承租人的装修投资行为已产生不动产附合的事实，其对承租房屋进行装修改造的投资已无法收回，并随着归还房屋而归房屋所有权人。

三、房屋承租权与抵押权的协调

在现代社会生活中，以不动产设定抵押权担保债权的实现，是很普遍的法律行为。而作为抵押权之客体的主要是房地产，因房地产抵押并不转移抵押物的占有，且以担保债权实现为目的，房屋出租是让渡房屋的占有使用权，并以获得租金为目的。因此，在实践中就会出现同一房地产并存抵押权和承租权的现象。关于租赁物的抵押问题各国立法均有明确规定，《担保法》也明确规定："抵押人将已经出租的财产抵押的，应当书面通知承租人，原租赁合同继续有效。"承租权与抵押权在设立上并不矛盾，但在抵押权实现时，会对承租人的利益产生影响，致使两种权利发生冲突。对该种冲突的协调，理论界和司法界有不同的意见。一种观点认为，在抵押权设定后，抵押人将抵押物出租的，该租赁关系在抵押权人行使权利时应当归于消灭，即以抵押物为标的的租赁合同因为抵押权人行使抵押权而变卖抵押物，对抵押物的受让人不继续有效。另一种观点则认为，即使抵押权先于租赁而设定也要适用“买卖不破租赁”的原则，折拍卖方式处分抵押物时，租赁合同不因抵押权的实现而消灭，抵押人无权要求解除租赁合同关系，原租赁合同对抵押物的新所有人继续有效。

前一种观点主张，抵押权人实现抵押权时，租赁关系消灭，可以顺利地变现抵押财产，充分维护抵押权人的利益，但忽视了对承租人的保护。从国外发达国家的立法实践看，侧重保护房屋承租人的利益是各国有关立法共同遵循的一个重要原则。后一种观点以“买卖不破租赁”原则为由，强调对承租人利益的保护，有利于稳定现存的社会关系，但会影响抵押权人利益的实现。对于租赁权与抵押权的冲突问题，最高人民法院《关于适用〈中华人民共和国担保法〉若干问题的解释》已有明确规定，对于先出租后抵押的，抵押权实现后，租赁合同在有效期内继续有效；先抵押后出租的，抵押权实现后，租赁合同对受让人不具有约束力。这一解释使两个权利的冲突得到解决。进一步的问题是，在抵押权人以拍卖的方式实现抵押权时，房屋承租人是否享有优先购买权。对此问题，学术界也有不同观点：第一种观点认为，承租人是否享有优先购买权，应视租赁权设立的先后而定，如果是先设定租赁权后设定抵押权，抵押权人在实现抵押权时就应当保护承租人的优先购买权，反之则相反。第二种观点认为，无论抵押权与承租权何者设定在先，在实现抵押权时，房屋承租人都享有优先购买权。第三种观点认为，依据有关法律规定，承租人的优先购买权仅适用于房屋出租人转让出租房屋的情况，抵押权人实现抵押权的情形不同于房屋出租人转让出租房屋，故承租人对拍卖的房屋不应享有优先购买权。抵押房产拍卖中承租人的优先购买权问题，主要发生在租赁权先于抵押权而存在，抵押权实现时租赁合同尚未到期的情况。而实现抵押权时的房屋拍卖，的确不同于一般的出租房屋转让，拍卖的目的是变现抵押房产，实现债权，其追求的是抵押财产的交换价值，遵循的主要规则是价高者得，任何人包括抵押房产的承租人，都有参加竞拍的权利，并按照拍卖的规则成交。此种情况下，承租人的优先购买权，事实上已失去实际意义，并难以得到保护。首先，对此房屋的拍卖，作为房屋出租人的房屋所有权人已无决定权，承租人向抵押权人主张优先购买权缺乏法律依据。其次，优先购买权的行使以与其他购买人具有同等条件为前提，在拍卖的情况下，几乎无同等条件可言，只要承租人出价最高，其购买承租的房屋，不存在任何障碍。否则，即使享有优先购买权也会因非同等条件而难以行使。因此，在租赁权先于抵押权存在，租赁期未到期，而以拍卖方式实现抵押权的情况下，承租人的租赁合同对拍卖房产的受让人继续有效，但承租人不再享有优先购买权。

参考文献

References

［1］李延荣．房地产法研究［M］．北京：中国人民大学出版社，2007．

［2］王卫国，王广华．中国土地权利的法制建设［M］．北京：中国政法大学出版社，2002．

［3］柴强．各国（地区）土地制度与政策［M］．北京：北京经济学院出版社，1993．

［4］赵勇山．房地产法论［M］．北京：法律出版社，2002．

［5］叶志宏，等．外国著名法典及其评述［M］．北京：中央广播电视大学出版社，1987．

［6］王利民．物权法研究（上、下）［M］．北京：中国人民大学出版社，2007．

［7］程信和．房地产法［M］．北京：北京大学出版社，2006．

［8］史尚宽．债法各论［M］．北京：中国政法大学出版社，2000．

［9］张军连．土地法学［M］．2 版．北京：中国农业大学出版社，2007．

［10］陈伯庚．城镇住房制度改革的理论与实践［M］．上海：上海人民出版社，2003．

［11］王利明，崔建远．合同法新论・总则［M］．北京：中国政法大学出版社，2000．

［12］赵红梅．房地产法论［M］．北京：中国政法大学出版社，1995．

［13］最高人民法院民事审判第一庭．商品房买卖合同司法解释问答［M］．北京：法律出版社，2003．

［14］陈小君．农村土地法律制度研究［M］．北京：中国政法大学出版社，2004．

［15］［美］伯纳德・施瓦茨．美国法律史［M］．王军，等，译．北京：中国政法大学出版社，2011．

［16］张庆华．中国土地法操作实务［M］．北京：法律出版社，2004．

［17］张俊浩．民法学原理［M］．3 版．北京：中国政法大学出版社，2000．

［18］李宗鄂．香港房地产法［M］．北京：商务印书馆，1997．

［19］梁慧星．中国物权法研究［M］．北京：法律出版社，1998．

［20］金俭．房地产法研究［M］．北京：科学出版社，2004．

[21] 赵尚朴．城市土地使用制度研究[M]. 北京：中国城市出版社，1996.
[22] 贾登勋，脱剑锋．房地产法新论[M]. 北京：中国社会科学出版社，2009.
[23] 张广荣．我国农村集体土地民事立法研究论纲[M]. 北京：中国法制出版社，2007.
[24] 黄建中．城市房地产管理法新释与例解[M]. 北京：同心出版社，2000.
[25] 温世扬，宁立志．房地产法教程[M]. 武汉：武汉大学出版社，1996.